W0001051

MARGRET RETTICH

Wirklich wahre Weihnachts-geschichten

illustriert von Rolf Rettich

Annette Betz Verlag

Für alle, von denen in diesen Geschichten die Rede ist

ISBN 3 219 10121 6
B 169/11
Alle Rechte vorbehalten
© 1976 by Annette Betz Verlag im Verlag Carl Ueberreuter,
Wien - München
Gesamtherstellung: Carl Ueberreuter Druckerei Ges. m. b. H.,
Korneuburg
Printed in Austria

Die Geschichte vom Weihnachtsbraten

Einmal fand ein Mann am Strand eine Gans.
Tags zuvor hatte der Novembersturm getobt. Sicher war sie zu weit hinausgeschwommen, dann abgetrieben und von den Wellen wieder an Land geworfen worden. In der Nähe hatte niemand Gänse. Es war eine richtige weiße Hausgans.
Der Mann steckte sie unter seine Jacke und brachte sie seiner Frau: »Hier ist unser Weihnachtsbraten.«
Beide hatten noch niemals ein Tier gehabt, darum hatten sie auch keinen Stall. Der Mann baute aus Pfosten, Brettern und Dachpappe einen Verschlag an der Hauswand. Die Frau legte Säcke hinein und darüber einen alten Pullover. In die Ecke stellte sie einen Topf mit Wasser.
»Weißt du, was Gänse fressen?« fragte sie.
»Keine Ahnung«, sagte der Mann.

Sie probierten es mit Kartoffeln und mit Brot, aber die Gans rührte nichts an. Sie mochte auch keinen Reis und nicht den Rest vom Sonntagsnapfkuchen.

»Sie hat Heimweh nach anderen Gänsen«, sagte die Frau.

Die Gans wehrte sich nicht, als sie in die Küche getragen wurde. Sie saß still unter dem Tisch. Der Mann und die Frau hockten vor ihr, um sie aufzumuntern.

»Wir sind eben keine Gänse«, sagte der Mann. Er setzte sich auf seinen Stuhl und suchte im Radio nach Blasmusik.

Die Frau saß neben ihm am Tisch und klapperte mit den Stricknadeln. Es war sehr gemütlich. Plötzlich fraß die Gans Haferflocken und ein wenig vom Napfkuchen.

»Er lebt sich ein, der liebe Weihnachtsbraten«, sagte der Mann.

Bereits am anderen Morgen watschelte die Gans überall herum. Sie steckte den Hals durch offene Türen, knabberte an der Gardine und machte einen Klecks auf den Fußabstreifer.

Es war ein einfaches Haus, in dem der Mann und die Frau wohnten. Es gab keine Wasserleitung, sondern nur eine Pumpe. Als der Mann einen Eimer voll Wasser pumpte, wie er es jeden Morgen tat, ehe er zur Arbeit ging, kam die Gans, kletterte in den Eimer und badete. Das Wasser schwappte über, und der Mann mußte noch einmal pumpen.

Im Garten stand ein kleines Holzhäuschen, das war die Toilette. Als die Frau dorthin ging, lief die Gans hinterher und drängte sich mit hinein. Später ging sie mit der Frau zusammen zum Bäcker und in den Milchladen.

Als der Mann am Nachmittag auf seinem Rad von der Arbeit kam, standen die Frau und die Gans an der Gartenpforte.

»Jetzt mag sie auch Kartoffeln«, erzählte die Frau.

»Brav«, sagte der Mann und streichelte der Gans über den Kopf, »dann wird sie bis Weihnachten rund und fett.«

Der Verschlag wurde nie benutzt, denn die Gans blieb jede Nacht in der warmen Küche. Sie fraß und fraß. Manchmal setzte die Frau sie auf die Waage, und jedesmal war sie schwerer.

Wenn der Mann und die Frau am Abend mit der Gans zusammen saßen, malten sich beide die herrlichsten Weihnachtsessen aus.

»Gänsebraten und Rotkohl, das paßt gut«, meinte die Frau und kraulte die Gans auf ihrem Schoß.

Der Mann hätte zwar statt Rotkohl lieber Sauerkraut gehabt, aber die Hauptsache waren für ihn die Klöße.

»Sie müssen so groß sein wie mein Kopf und alle genau gleich«, sagte er.

»Und aus rohen Kartoffeln«, ergänzte die Frau.

»Nein, aus gekochten«, behauptete der Mann. Dann einigten sie sich auf Klöße halb aus rohen und halb aus gekochten Kartoffeln. Wenn sie ins Bett gingen, lag die Gans am Fußende und wärmte sie.

Mit einem Mal war Weihnachten da.

Die Frau schmückte einen kleinen Baum.

Der Mann radelte zum Kaufmann und holte alles, was sie für den großen Festschmaus brauchten. Außerdem brachte er ein Kilo extrafeine Haferflocken.

»Wenn es auch ihre letzten sind«, seufzte er, »soll sie doch wissen, daß Weihnachten ist.«

»Was ich sagen wollte«, meinte die Frau, »wie, denkst du, sollten wir ... ich meine ... wir müßten doch nun ...«

Aber weiter kam sie nicht.

Der Mann sagte eine Weile nichts. Und dann: »Ich kann es nicht.«

»Ich auch nicht«, sagte die Frau. »Ja, wenn es eine x-beliebige wäre. Aber nicht diese hier. Nein, ich kann es auf gar keinen Fall.«

Der Mann packte die Gans und klemmte sie in den Gepäckträger. Dann fuhr er auf dem Rad zum Nachbarn. Die Frau kochte inzwischen den Rotkohl und machte die Klöße, einen genausogroß wie den anderen.

Der Nachbar wohnte zwar ziemlich weit weg, aber doch nicht so weit, daß es eine Tagereise hätte werden müssen. Trotzdem kam der Mann erst am Abend wieder. Die Gans saß friedlich hinter ihm.

»Ich habe den Nachbarn nicht angetroffen, da sind wir etwas herumgeradelt«, sagte er verlegen.

»Macht gar nichts«, rief die Frau munter, »als du fort warst, habe ich mir überlegt, daß es den feinen Geschmack des Rotkohls und der Klöße nur stört, wenn man noch etwas anderes dazu auftischt.«

Die Frau hatte recht, und sie hatten ein gutes Essen. Die Gans verspeiste zu ihren Füßen die extrafeinen Haferflocken. Später saßen sie alle drei nebeneinander auf dem Sofa in der guten Stube und sahen in das Kerzenlicht.

Übrigens kochte die Frau im nächsten Jahr zu den Klößen zur Abwechslung Sauerkraut. Im Jahr darauf gab es zum Sauerkraut breite Bandnudeln. Das sind so gute Sachen, daß man nichts anderes dazu essen sollte.

Inzwischen ist viel Zeit vergangen.

Gänse werden sehr alt.

Die Geschichte vom Vogelhaus

Als Mama morgens das Fenster aufmachte, um Kai zu wecken, fiel vom Fensterbrett eine Ladung Schnee auf den Teppich: es hatte über Nacht geschneit. Draußen saßen die Spatzen auf den Zweigen und schimpften.
»Er hat immer noch kein Vogelhaus gebaut«, sagte Kai vorwurfsvoll.
»Heute bringen wir ihn dazu«, antwortete Mama.
Papa saß zufrieden am Frühstückstisch. Es war Sonntag, und er wollte so richtig faul sein. Er wartete, daß Mama ihm die Brötchen strich. Nicht, daß er das nicht selbst gekonnt hätte. Aber Papa mochte es, wenn ihm Mama alles abnahm, und ließ sich hin und wieder gern bedienen.
Doch jetzt hatte sie keine Lust dazu. Manchmal machte es ihr Spaß, daß sie geschickter war als Papa, und sie zeigte gern, wie gut ihr alles von der Hand ging. Aber sie mochte nicht, daß er sich allzusehr darauf verließ.
»Kai und ich würden gern sehen, wenn du endlich das Vogelhaus baust. Es ist Winter, es hat geschneit, und die armen Vögel hungern«, sagte sie.
»Ich kann dir helfen«, sagte Kai.

Papa rührte sich nicht. Er saß da und wartete, daß Mama ihm ein Brötchen strich. Doch sie tat es nicht.

»Sonntag ist Ruhetag«, sagte Papa, »warum muß ich ausgerechnet am Sonntag ein Vogelhaus bauen?«

»Alle Väter machen das«, rief Kai.

»Vogelhäuser sind Männersache«, sagte Mama. Freilich, sie hätte es auch gekonnt. Sie konnte sägen, hämmern, Nägel einschlagen, Kurzschlüsse reparieren und verstand eine ganze Menge von Autos. Aber sie sah nicht ein, daß sie ein Vogelhaus bauen sollte, während Papa neben ihr stand und zusah. Vielleicht hätte es auch Kai schon geschafft. Aber Mama war nicht ganz sicher, ob er sich nicht dabei weh tat. Sie fand jedoch, daß er Papa zur Hand gehen könnte.

Papa kam gegen Mama und Kai nicht an. Also strich er sich das Brötchen selbst, erhob sich widerwillig und schlurfte in den Keller. Kai sprang hinterher.

Mama hörte, wie Papa zu Kai sagte: »Bauen wir doch einen Schneemann, das kann ich gut.« Und wie Kai antwortete: »Wir bauen das Vogelhaus, sonst nichts.« Mama war zufrieden.

Kai erklärte genau, wie das Vogelhaus aussehen sollte. Er wußte, was man dazu brauchte und wo alles war. Papa kannte sich im Keller nicht so aus, das war Mamas Sache. Sie hatte Obstkisten gesammelt, die konnten sie nun nehmen. In einer Ecke verwahrte sie Plastikfolie, und an einem Haken hing eine Rolle Draht. Irgendwo standen Pfosten, womit sie im Frühjahr den Zaun flicken wollte. Kai trug alles zusammen.

Papa stand herum. Er wußte nicht, wo der Hammer war, er fand keine Säge, Nägel waren auch nicht da, und er hoffte sehr, daß er ohne all das gar kein Vogelhaus bauen konnte.

Doch Kai lief schon nach oben. Mama hatte das Werkzeug im Küchenschrank und die Nägel in der Speisekammer, denn sie wollte alles ständig zur Hand haben. Kai schleppte es nach unten und brachte es Papa. Er sagte genau, was Papa machen mußte, und Papa machte jeden Handgriff so, wie Kai es erklärte. Erst sägte er aus den Obstkisten kleine Brettchen, daraus sollte der Boden werden. Dabei erwischte er seinen linken Daumen.

Mama verband ihn und sagte: »Das ist kein Grund, sich gleich ins Bett zu legen. Geh nur wieder in den Keller, und mach weiter!«

Kai hatte inzwischen die Brettchen mit Leisten zu einer Platte verbunden. Er zeigte jetzt, wie Papa darauf die Pfähle für das Dach befestigen sollte. Erst nagelte Papa seinen Daumenverband am Holz fest, dann schlug er sich auf den Zeigefinger. Nachdem er diesen im Bad eine halbe Stunde gekühlt hatte, scheuchte ihn Mama wieder in den Keller.

Kai hatte bereits ein Dach auf die Pfähle gesetzt und deckte es gerade mit Plastik. Papa sollte alles nur noch mit Draht rundherum befestigen. Er nahm die Zange und kniff sich damit in den Handballen. Mama ertappte ihn dabei, wie er sich ein Handtuch knotete, um den Arm in die Schlinge zu legen. »Es wird dich hindern, das Vogelhaus fertigzumachen«, sagte sie und legte das Handtuch wieder in den Schrank.

Papa schlich in den Keller, um das Vogelhaus zu vernichten, aber Kai hatte es fertig. Es war zwar schief und wackelte, es war auch etwas klein geraten, aber man konnte erkennen, was es sein sollte. Papa und Kai gruben einen von Mamas Pfosten im Vorgarten ein und befestigten das Vogelhaus darauf. Dann streute Mama die zerkrümelten Weihnachtsplätzchen vom vergangenen Jahr hinein, und schon nahten die ersten Spatzen. Papa und Kai saßen hinter dem Fenster und sahen zu, wie sie sich balgten und mit den besten Brocken im Gebüsch verschwanden. Papa war mächtig stolz, was er geschafft hatte, und Mama lobte ihn. Es wurde ein schöner Sonntag.

Am anderen Morgen sah Kai nach dem Vogelhaus. Da saß eine fette schwarze Katze drin. Kai riß das Fenster auf und schrie: »He, du, scher dich weg!« Die Katze versuchte es, aber sie konnte nicht, sie steckte fest. Vorn sahen Kopf und Pfoten heraus, hinten wedelte ein aufgeregter Schwanz.

Kai und Mama liefen hinaus. Mama rief, Kai solle achtgeben, Katzen hätten scharfe Krallen. Sie schob hinten, und Kai lockte vorn: »Na komm schon, spring!«

Die Katze wurde wild und schlug um sich. Das Vogelhaus schwankte auf dem Pfosten, und sein Dach hob sich ein wenig.

»Solange sie so fett ist, schafft sie das nicht«, sagte Mama. »Vielleicht wenn sie hungert und abnimmt . . .«

Die Katze miaute. Plötzlich tat sie Kai und Mama leid. Sie holten Ölsardinen, und die Katze fraß brav aus der Dose, die Kai ihr vorhielt. Ringsumher saßen die Spatzen auf den Zweigen und schimpften.

»Also gut, füttern wir die auch noch«, sagte Mama. Sie streuten ihnen Krümel auf das Fensterbrett und sahen dann von drinnen zu, wie sie pickten.

Die Katze schlief im Vogelhaus ein. Ihre Pfoten hingen vorn schlaff nach unten, und hinten baumelte lang der Schwanz. Die Spatzen hatten schnell heraus, daß sie ihnen

nichts antun konnte. Sie wurden immer frecher. Einige tobten auf dem Dach herum, andere flogen ihr haarscharf an der Nase vorbei. Als sich ein Spatz im Katzenschwanz verkrallte, war es zuviel. Die Katze fuhr auf, machte einen krummen Rücken, stemmte sich gegen die Brettchen, die Leisten und den Draht, und das ganze Vogelhaus brach auseinander.
Die Katze machte einen Satz und verschwand.
Was blieb Mama übrig, als mit Kai ein neues Vogelhaus zu bauen, fest und stabil? Sie konnte es Papa mit seinen verbundenen Händen wirklich nicht zumuten. Er stand zufrieden daneben und sah zu.

Die Geschichte vom Lamettabaum

Jedes Jahr war die ganze Verwandtschaft am ersten Feiertag bei Tante Trude eingeladen.
Tante Trude war viel feiner als die Verwandtschaft. Sie hatte

eine große Wohnung mit vielen Räumen, die lagen voller Teppiche, hingen voller Bilder und standen voller Polstermöbel.

Tante Trude hörte es gern, wenn man ihr sagte, wie besonders vornehm und elegant alles bei ihr war. Aber zu Weihnachten sollte noch etwas anderes bewundert werden.

Wenn die Verwandtschaft kam, stand sie an der Tür und rief: »Seht euch zuerst meinen Baum an!«

Alle gingen hinein und staunten: »Wie ist er wieder herrlich! Wunderschön, phantastisch, sagenhaft, enorm und ohnegleichen! Man kann den Blick nicht von ihm wenden!«

Der Baum reichte bis zur Decke, und Tante Trudes Wohnung hatte hohe Decken. Er steckte voll unzähliger Kerzen, und von jedem Zweig hingen ganz ordentlich, einzeln, im gleichen Abstand und in derselben Länge, dicht an dicht, Lamettafäden.

Fünf ganze Tage hatte Onkel Otto auch dieses Mal wieder gebraucht, um es Tante Trude recht zu machen und den Lamettabaum zu schmücken.

»Und es ist der größte, den es in der ganzen Stadt zu kaufen gab«, sagte sie, »nur vor dem Rathaus steht ein größerer, aber der ist schief!«

»Dieser hier ist ganz gerade«, sagte ein alter Onkel, und alle stimmten ihm zu.

Sie nahmen in den Sesseln Platz. Onkel Otto stieg auf eine Trittleiter. Er brauchte lange, bis alle Kerzen brannten. Ein unverheirateter Vetter setzte sich ans Klavier. Eine Kusine blätterte die Noten um. Tante Trude stimmte Weihnachtslieder an, die alle mitsangen. Die Kinder hatten zu Hause pauken müssen. Sie traten nacheinander vor und sagten

ein Gedicht auf. Wehe, wenn sie steckenblieben! Am Schluß machten sie einen Knicks oder eine Verbeugung und bekamen von Tante Trude einen Kuß. Und alle sagten: »Wie niedlich«, saßen da und starrten wieder den Baum an.
Es war langweilig.
Endlich erhob sich Tante Trude, und alle sprangen schnell auf. Onkel Otto löschte die Kerzen und zog hinter dem Baum eine Schiebetür auseinander. Gleich dahinter stand im Nebenzimmer die lange Kaffeetafel. Die Verwandtschaft drängte hinüber, und Tante Trude erklärte, wo jeder sitzen sollte.
Es gab den berühmten Streuselkuchen, den nur sie backen konnte. Das sagten alle, weil Tante Trude immer wieder fragte, ob sie je woanders solchen Streuselkuchen bekommen hätten.
»Nirgends«, sagte der alte Onkel, »diesen Streuselkuchen bekommen wir nur bei dir, niemand backt ihn so wie du.«
Alle sagten auch, daß der Kaffee ganz einzigartig sei, daß sie noch niemals eine so geschmackvolle Tischdecke gesehen hätten und daß sie Tante Trude um die schönen Kaffeetassen beneideten.
»Na, und mein Kleid?« fragte sie.
Da konnten alle nur die Augen verdrehen, denn sie fanden keine Worte mehr.
Sie langweilten sich schrecklich.
Nur zwei Kinder langweilten sich nicht, die hießen Lottchen und Martin. Sie waren heimlich unter den Tisch gekrochen. Dort spielten sie zuerst, daß sie in einer Höhle wohnten. Sie saßen ganz still unter der Tischdecke, die bis auf den Teppich reichte.

Später spielten sie, daß sie Spatzen seien, und pickten die Streuselkrümel auf, die besonders zahlreich bei Onkel Otto unter dem Stuhl lagen.
Danach spielten sie Pferdestall, denn die vielen Füße scharrten hin und her und stampften manchmal wie Pferde. Sie mußten flink sein, um nicht getreten zu werden.
Großmama hatte die Schuhe ausgezogen, die versteckten sie bei dem unverheirateten Vetter. Martin bekam von der Kusine, die für alle noch einmal Kaffee einschenkte, einen Tritt an den Kopf. Darüber mußte Lottchen lachen. Sie krochen überall herum und gelangten schließlich unter den

Baum. Das Lametta hing so tief herunter, daß niemand sie sehen konnte.
Der Baum war in einen Eisenfuß geschraubt. Martin und Lottchen staunten, wie dick der Stamm war.
»Den wirft niemand um«, sagte Lottchen und rüttelte ganz unten, aber der Baum stand fest.
»Wenn er nun umfällt, was wäre dann?« sagte Martin.
»Den wirft niemand um«, wiederholte Lottchen.
Martin richtete sich etwas auf und drückte weiter oben gegen den Stamm. Er wunderte sich, wie leicht es war, den großen Baum zu kippen.

Tante Trude reichte gerade süßen Likör, den alle lobten.

Da senkte sich der Baum ganz langsam und fiel der Länge nach auf die Kaffeetafel. Seine Spitze reichte genau bis zu Tante Trude. Die Zweige bedeckten Tassen und Teller, Streuselkuchen und Likör. Nur die Köpfe der Verwandtschaft ragten aus dem Geäst, und alle hatten glänzende Haare aus Lamettafäden. Es sah wunderhübsch aus, aber das sagte diesmal niemand.

Alle sprangen auf, befreiten sich gegenseitig und versuchten, den Baum wieder aufzurichten. Das war viel schwerer, als ihn umzukippen.

Aber es war jetzt nicht mehr langweilig.

Alle hatten zu tun. Sie mußten das Geschirr zusammenräumen, die Tannennadeln aus dem Streuselkuchen sammeln und sich das Lametta aus dem Haar kämmen.

Tante Trude lief umher und jammerte: »Es ist ein Rätsel, wie das passieren konnte, und es ist eine Tragödie, wie es hier aussieht.« Dann erwischte sie Onkel Otto und rief: »Seit Jahren möchte ich, daß du den Baum fester aufstellst. Nun hast du die Bescherung.«

Onkel Otto schlug Nägel in den Türrahmen und band den Baum mit Stricken fest. Aber das war Tante Trude auch nicht recht.

Die ganze Verwandtschaft tröstete sie. Alle sagten aus ganzem Herzen, so gut hätte es ihnen noch nie bei ihr gefallen.

Großmama hatte endlich ihre Schuhe gefunden und drängte nach Hause:

»Seht nur, wie blaß Lottchen und Martin vor Schreck geworden sind. Dabei waren sie so brav, daß wir den ganzen Nachmittag nichts von ihnen gemerkt haben.«

Die Landstraßengeschichte

Daß sie Weihnachten im Auto verbringen mußten, hatte ihnen Papa eingebrockt. Er wird manchmal sehr wütend und macht dann unmögliche Sachen. Später tut es ihm leid, denn eigentlich ist er gut und friedlich.
Dieses Mal war er wütend über Oma, das ist die Mutter von Mama. Papa und Mama sind zu ihr in das Haus gezogen, damit sie nicht allein wohnt. Es war damals nach dem Tod von Opa und ist nun schon lange her. Inzwischen sagen Papa und Mama: »Die Oma wohnt bei uns.«
Aber Oma sagt immer noch: »Ihr wohnt bei mir!«
Papa kann es nicht leiden, wenn sie das sagt.
Mama lacht darüber und meint: »Laß sie reden, und ärgere dich nicht.«
Warum mußte Oma aber ausgerechnet am Weihnachtsvormittag wieder damit anfangen? Papa stand im Wohnzimmer auf der Leiter und schmückte den Baum. Er steckte gerade die Silberspitze auf, als Oma hereinkam und fragte: »Warum steht der Baum hinter der Tür?«

»Wo sollte er sonst stehen?« entgegnete Papa.

»Bei mir pflegte er links vom Fenster zu stehen«, sagte Oma.

»Und jetzt steht er hinter der Tür«, gab Papa von der Leiter herab zurück.

»Solange ihr bei mir wohnt, solltet ihr auf mich hören«, erwiderte Oma. Und dann gerieten sie in Streit. Sie sagten dies und das, und als Mama aus der Küche kam, um sich einzumischen, redeten alle durcheinander.

Papa war sehr wütend.

Er riß den Schmuck wieder vom Baum und warf ihn in die Kartons zurück.

»Was tust du?« rief Mama.

»Pack die Geschenke, Süßigkeiten, Betten und Zahnbürsten ein. Wir feiern Weihnachten woanders. Irgendwo werden wir willkommen sein und unseren Baum da aufstellen dürfen, wo wir es wollen.«

Er nahm den Baum, rannte damit nach draußen und schnallte ihn auf das Autodach.

Auf dem Hof spielte Nickel mit seinem Freund.

»Was machst du?« fragte er Papa.

»Wir verreisen. Und weil wir unterwegs Weihnachten feiern werden, brauchen wir unseren Baum!« rief Papa und war schon wieder im Haus.

»Toll«, sagte Nickels Freund. Und Nickel war sehr stolz auf Papa, der manchmal so unmögliche Sachen machte.

Oma lief hinter Papa her und jammerte: »So war es doch nicht gemeint!« Aber er schob sie bloß beiseite.

Mama rief: »Ist das wirklich dein Ernst?« Aber Papa hatte schon die Betten in eine Wolldecke geschnürt und verstaute sie im Kofferraum. Da kramte Mama alle Geschenke zusammen und packte etwas Wäsche und Kleidung ein. Sie holte aus der Küche die Kuchen, und Oma brachte eine Thermosflasche mit heißem Tee.

Dann zog Mama den Maxel warm an und setzte ihn auf sein Stühlchen hinter sich ins Auto. Nickel gab Oma einen Kuß, winkte – und schon ging die Fahrt los.

Papa war immer noch wütend und fuhr sehr schnell. Er drehte das Lenkrad, daß ihre Köpfe hin und her flogen. Er bremste, daß alle nach vorn kippten. Er hupte, wenn ihm andere Autos keinen Platz machten.

Das gefiel Nickel, und der Maxel kreischte vor Vergnügen. Aber Mama sagte: »Bitte fahr vorsichtig, oder ich steige aus.«

Da wurde Papa ruhiger.

Später fragte Mama: »Wohin fahren wir eigentlich?«

Papa antwortete: »Zu meiner Tante Luise. Du wirst sehen, daß es uns dort besser geht als bei deiner Mutter.«

Es war Mama peinlich, einfach so zu Tante Luise zu fahren. Immerhin waren sie vier Personen, es war Weihnachten, und Tante Luise hatte keine Ahnung, daß sie kamen. Jedoch mit Papa war nicht zu reden.

Nach einer Stunde erreichten sie die Stadt, in der Tante Luise wohnte. Sie fuhren vor das Haus, und Papa stieg aus, um zu klingeln. Er klingelte noch mal und noch mal, aber es machte niemand auf.

Im Nebenhaus rief eine Frau aus dem Fenster: »Da ist niemand zu Hause«, und sie erzählte Papa, daß Tante Luise verreist sei, weil sie Weihnachten nicht allein sein wollte. Ja, wenn sie gewußt hätte, daß Besuch kommt, wäre sie sicher geblieben und hätte sich gefreut.

»Schon gut«, sagte Papa, »besten Dank und frohes Fest.«
Er startete wieder.
»Wohin fahren wir jetzt?« fragte Mama.
Papa entsann sich, daß er in dieser Stadt einen alten Schulfreund hatte. Papa meinte, der würde sich bestimmt freuen, wenn sie so unvermutet auftauchten, denn er sei früher ein lustiges Haus gewesen.
Mama war nicht so sicher, aber sie sagte nichts.
Nickel rief: »Fein, wir fahren in ein lustiges Haus!« Und der Maxel kreischte vor Wonne.
Papas Freund war zwar zu Hause, doch besonders lustig war er nicht. Er erinnerte sich nicht einmal an Papa und mußte eine Weile grübeln. Erst als er Nickel sah, wußte er es, denn Nickel sah genauso aus wie Papa früher.
Er bat sie in seine Wohnung, und weil es Mittag geworden

war, brachte seine Frau für jeden einen Teller Kartoffelsuppe. Mama durfte im Nebenzimmer den Maxel trockenlegen, und Nickel durfte mal aufs Klo. Dann sagte Papas Freund: »Sicher habt ihr noch eine weite Fahrt vor euch. Wir wollen euch nicht aufhalten. Heute hat jeder noch viel zu tun. Es war nett, daß ihr uns mal kurz besucht habt.«
Papa traute sich nicht, etwas zu sagen. So kletterten alle wieder in das Auto und fuhren weiter. Der Freund und seine Frau standen vor ihrem Haus und winkten.
Nicht weit von hier hatte Papa einen Vetter. Der hatte eine Frau und drei Kinder und einen Bauernhof mit viel Platz. Dort waren sie früher oft gewesen, aber weil der Vetter so ähnlich wie Papa war und leicht wütend wurde, waren sie es einmal zur gleichen Zeit und hatten sich verkracht.
»Wir sollten zu deinem Vetter fahren«, sagte Mama jetzt.

Das war für Papa sehr unangenehm, aber er sah ein, daß Mama einen guten Vorschlag gemacht hatte. Vor dem Bauernhof blieb er im Auto sitzen und schickte Mama ins Haus. Nickel wollte gleich mit, aber Papa hielt ihn fest.

Als Mama wiederkam, setzte sie sich und sagte zu Papa: »Fahr nur gleich weiter.«

»Ist er mir noch böse?« fragte Papa.

»Das nicht«, erwiderte Mama, »aber er und die drei Kinder liegen im Bett und haben Ziegenpeter. Den haben Nickel und Maxel noch nicht gehabt.«

Papa war sehr schweigsam.

Mama ließ ihn von jetzt an bei jedem Gasthaus halten und nach Zimmern fragen. Doch sie hatten kein Glück. Entweder war geschlossen, oder alle Zimmer waren belegt.

Nickel und Maxel hatten Hunger, und Mama gab ihnen Lebkuchen. Einmal hielt Papa an, und alle vertraten sich die Füße.

Als sie wieder fuhren, fragte Nickel, wann endlich Bescherung sei. Er wollte nun gern seine Geschenke haben.

»Wenn wir da sind«, sagte Mama.

»Wann sind wir da?« fragte Nickel.

Mama sagte zu Papa: »Bitte, laß uns umkehren.«

Und wirklich, Papa drehte um.

Sie fuhren nun fast allein auf der Straße. Es war dunkel. Der Maxel schlief. Mama und Nickel sangen Weihnachtslieder. Dann schlief Nickel auch.

Später hielten sie noch einmal an, und Mama schenkte Papa den heißen Tee ein.

»Gut, daß du daran gedacht hast«, sagte er.

»Daran hat Oma gedacht«, sagte Mama.

Als sie zu Hause ankamen, brannte nirgends mehr Licht. Mama trug den Maxel ins Bett, und Papa schleppte Nickel. Die merkten nichts.

Als am anderen Morgen noch alle schliefen, holte Papa den Baum vom Autodach, stellte ihn ins Wohnzimmer hinter die Tür und fing an, ihn zu schmücken. Als er halb fertig war, nahm er ihn und stellte ihn links vom Fenster auf. Mama kam und brachte die Geschenke. Sie trug Maxel ins Zimmer, und Nickel sprang hinter ihr her. Papa zündete die Kerzen an.

»Jetzt feiern wir endlich Weihnachten!« rief Nickel.

Aber Papa sagte: »Wartet einen Augenblick.« Er holte Oma, die noch nicht zum Vorschein gekommen war. Er drückte sie an sich, gab ihr einen Kuß und rief: »Frohe Weihnachten!«

Papa ist meist der friedlichste und beste Mensch.

»Was bin ich froh, daß ihr wieder da seid!« sagte Oma. »Ich wohne so gern bei euch. Aber«, setzte sie hinzu, »ist es nicht wirklich besser, wenn der Baum links vom Fenster steht statt hinter der Tür?«

»Oma!« rief Mama.

Aber Papa lachte.

Die Geschichte von Traudchens Onkel

Mia hat niemandem etwas von Traudchen erzählt. Nicht zu Hause und nicht den anderen Kindern, mit denen sie sonst spielt. Die anderen Kinder wohnen alle wie Mia in den großen neuen Wohnblocks. Fredi in Block A, zweite Treppe, Anders und Birgit in Block D, Parterre, und Jochen in Block C, einen Stock unter Mia. Alle spielen miteinander auf dem kleinen Spielplatz.

Nur Traudchen nicht, denn sie wohnt auf der anderen Straßenseite. Sie hat lange Zeit drüben an der Bordsteinkante gestanden und herübergeschaut. Einmal ist sie einfach losgelaufen. Die Autos, die in vier Reihen auf der Straße fahren, haben gebremst und gehupt, manche Fahrer haben die Scheibe heruntergekurbelt und geschimpft.

»Ist die doof!« haben Anders und Jochen gerufen.

Traudchen hat dagestanden und sie angelächelt, aber sie durfte nicht mitspielen. Da ist sie wieder davongelaufen. Mia hat gesehen, daß sie einen Handschuh verloren hat, und hat ihn aufgehoben. Sie hat Traudchen gerade noch erwischt, ehe Traudchen wieder über die Straße rennen konnte.

»Du mußt durch den Tunnel gehen!« hat Mia gerufen.

»Kommst du dann mit?« hat Traudchen gefragt, und Mia ist mitgegangen.

Die Häuser auf der anderen Straßenseite sind alt. Sie haben Toreinfahrten, durch die man auf einen Hof kommt. Auch dort stehen Häuser, und dahinter sind wieder Höfe und wieder Häuser. Traudchen wohnt ganz hinten im obersten Stockwerk. Es ist niemand in der Wohnung. Im Flur steht

28

hinter einem Kleiderschrank ein Kinderwagen. In der
Küche stehen ein Bett und der Fernseher. Im Zimmer sind
noch einmal zwei Betten. Auf dem einen liegt eine gehäkelte
Decke, und darauf sitzt in einem Seidenkleid eine Puppe
mit langen schwarzen Locken.
»Ist die schön«, flüstert Mia.
»Die ist nur zum Schmuck und nicht zum Spielen«, sagt
Traudchen, »aber du darfst sie mal halten.«
Sie klettert auf einen Hocker und holt vom Schrank ein
Glas. In der Küche löffeln sie eingeweckte Pflaumen.
»Die wachsen bei meinem Onkel im Garten«, sagt Traud-
chen.
Zu Hause will Mia gleich von Traudchen erzählen. Aber Mama
hat keine Zeit, sie muß einkaufen, und Mia soll mitgehen. Im
Supermarkt gibt es Puppen, die fast so schön sind wie die
bei Traudchen. Auch sie haben Locken und weite Seiden-
kleider.
»Eine solche Puppe wünsche ich mir zu Weihnachten«,
sagt Mia.
»Aber das ist doch Kitsch«, sagt Mama.
Da erzählt Traudchen nichts von Mia.
Wenn Traudchen jetzt auf der anderen Straßenseite steht
und winkt, läuft Mia die Straße entlang zum Fußgänger-
tunnel. Das merken die anderen Kinder gar nicht. So weiß
niemand, daß Mia bei Traudchen ist.
Am Vormittag vom Heiligen Abend fragt Traudchen:
»Kommst du mit zu meinem Onkel? Der schenkt uns was,
wenn wir kommen!«
Mia hat auch einen Onkel, der ihr immer etwas schenkt.
Er ist Mamas jüngster Bruder. Wenn er da ist, tobt er mit

29

Mia herum, oder er geht mit ihr, wohin Mia gern will. Über die Geschichten, die er erzählt, kann sich Mia krank lachen.

Mia möchte gern wissen, was für einen Onkel Traudchen hat.

Sie gehen die alte Straße entlang bis an das Ende. Dann kommen sie über mehrere Bauplätze. Ein Hund jagt hinter einem Drahtzaun neben ihnen her, und Traudchen neckt ihn mit einem Stock. Mia hat Angst, der Hund könnte mit einem Satz über den Zaun springen, aber Traudchen lacht sie aus. Später gehen sie auf einem Pfad an einem Kanal entlang und biegen in einen Heckenweg, der durch Kleingärten führt. Ganz am Ende steht eine Laube, die ist fast schon ein Haus. Da wohnt Traudchens Onkel.

Die Fensterläden sind geschlossen, und aus dem Rohr, das aus der Wand kommt, steigt kein Rauch.

»Vielleicht ist er nicht da«, sagt Mia.

Aber Traudchen trommelt schon gegen die Fensterläden und trampelt an die Tür. Sie ruft und pfeift.

»Heij«, sagt innen eine Stimme, »was soll der Krach?«

»Ich bin's«, sagt Traudchen.

Der Onkel macht auf. Er muß sich bücken, denn er ist sehr groß. Er ist unrasiert und hat eine schmutzige Hose an. Dazu hat er schlechte Laune.

»Was wollt ihr hier?« brummt er.

»Wir wünschen frohe Weihnachten«, sagt Traudchen und macht einen Knicks.

»Rede keinen Quatsch«, sagt der Onkel. Er will nicht glauben, daß wirklich Weihnachten ist. Das findet Mia sehr merkwürdig. Der Onkel sagt, sie sollen mit in den Schuppen kommen. Traudchen muß pumpen, während er seinen Kopf unter den Wasserhahn hält. Dabei stöhnt und jammert er. Dann stapft er vor ihnen ins Haus und fischt eine Zeitung unter dem Tisch hervor. Er sucht das Datum und brüllt: »Du meinst, ich falle auf deinen Schwindel herein! Hier, heute ist der zweiundzwanzigste!«

»Deine Zeitung ist von vorgestern!« sagt Traudchen.

Der Onkel versucht, mit Pappresten und Reisig ein Feuer im Herd zu machen, aber es geht immer wieder aus.

Traudchen nimmt einen Besen und fegt die vielen Flaschen und Dosen, die überall herumliegen, unter das Bett. Dort liegt schon so viel, daß sie einen Teil unter den Schrank schiebt.

Dann fragt sie: »Was schenkst du mir zu Weihnachten?«

Der Onkel sagt: »Erst muß ich wissen, ob das kein fauler Trick von dir ist.«

Er pustet noch einmal in den Herd, dann rappelt er sich auf, zieht eine Jacke über und schimpft, weil Traudchen seine Stiefel mit unter das Bett gefegt hat. Er setzt eine Pelzmütze auf, haut die Tür hinter Traudchen, Mia und sich zu und ruft: »Auf, wir gehen zu Mieze!«

Sie gehen den Weg durch die Laubenkolonie zurück, dann über ein Feld und ein Fabrikgelände, überqueren eine Straße und kommen schließlich zu einer Baracke.

Mia liest: »Das gute Pilsner. Eigentümerin Mieze Giese Ww.«

Der Gastraum ist verqualmt und voller Menschen, die alle den Onkel kennen. Er schiebt Traudchen und Mia vor sich her und ruft: »Diese beiden wollen mir weismachen, daß heute Weihnachten ist. Wetten, daß sie schwindeln?«

Ein paar Männer rufen: »Wette gilt!« Und sie beweisen dem Onkel, daß es wirklich so ist, und weil alle es sagen, glaubt er es endlich. Er hat seine Wette verloren und muß eine Runde Bier bestellen.

Traudchen und Mia bekommen Geld für den Automaten und die Musikbox. Traudchen kennt das alles, aber für Mia ist es ganz neu.

Nebenan entdecken sie ein Tischtennisspiel. Und zwischendurch bringt ihnen Mieze eine Schüssel Erbsensuppe. Später kommt sie noch einmal und fragt: »Müßt ihr nicht nach Hause?«

Da merken Traudchen und Mia, daß es draußen schon dunkel ist. Sie eilen in die Gaststube, und Traudchen sagt zum Onkel: »Wir gehen jetzt. Bekomme ich kein Weihnachtsgeschenk?«

Sie bekommt einen Zehnmarkschein, und der Onkel gibt Mia ein Fünfmarkstück.

Sie müssen ihm beide einen Kuß geben, das ist stachlig und riecht nicht besonders gut. Mia ist froh, als sie draußen an der Luft sind.

Traudchen meint, sie müßten nun nach rechts gehen. Mia glaubt, links wäre richtig, aber sie geht mit. Hier ist niemand auf der Straße, und es brennen nur wenige Lampen. Traudchen geht nun doch links, aber bald merken sie, daß beides falsch war.

Traudchen sagt: »Gehen wir zurück, und fangen wir noch mal von vorn an.«

Aber sie finden die Baracke nicht mehr. Sie versuchen es mit dieser und jener Richtung, und bald merken sie, daß sie sich verlaufen haben.

33

Traudchen sagt: »Verdammt!« und noch viel schlimmere Worte. Mia findet, daß sie recht hat.

Einmal treffen sie drei Männer, die wohl von der Nachtschicht kommen. Denen erklären sie, wo sie wohnen, und fragen, wie man dahin kommt. Aber die Männer wissen auch nicht Bescheid und wollen schnell nach Hause.

An einer Ecke steht eine Telefonzelle.

Mias Eltern haben Telefon, und Mia weiß auch die Nummer, aber sie haben kein Kleingeld. Traudchen hat den Zehnmarkschein. Mia hat das Fünfmarkstück.

Gegenüber steht ein Haus. Traudchen und Mia laufen hin. Sie klingeln, und jemand fragt: »Wer ist denn da?« Dann hören sie eine Weile gar nichts. Endlich macht ein großer Junge auf.

»Kannst du wechseln? Wir wollen telefonieren«, sagt Mia und hält ihm das Fünfmarkstück hin.

»Wartet mal«, sagt der Junge, nimmt das Geld und macht die Tür zu. Sie warten sehr lange.

Als niemand aufmacht, klingeln sie noch ein paarmal.

Da reißt eine Frau die Tür auf und schreit: »Hat man nicht mal Weihnachten seine Ruhe?« Sie dreht sich um und ruft: »Ich denke, du hast sie weggejagt?«

»Hab' ich auch«, sagt der Junge.

Traudchen sagt schnell: »Er hat unser Geld genommen!«

»Lüge«, ruft der Junge.

»Unverschämtheit«, sagt die Frau und wirft die Tür zu.

Traudchen und Mia rennen davon, so schnell sie können. Sie rennen, bis Mia Seitenstechen hat. Jetzt sind sie in einer Straße, wo Autos fahren. Traudchen stellt sich an die Bordsteinkante und hebt den Daumen.

»Was machst du?« fragt Mia.

»Autostopp«, sagt Traudchen.

Neben ihnen hält ein Wagen, und Mia sieht, daß es eine Taxe ist.

»War das Spaß, oder wollt ihr mitfahren?« sagt der Fahrer.

»Natürlich wollen wir mit«, sagt Traudchen und klettert schon hinten ins Auto.

Der Fahrer fragt noch einmal: »Könnt ihr denn auch bezahlen, meine ich?«

Da wedelt Traudchen mit dem Zehnmarkschein vor seiner Nase. Dann steigt auch Mia ein und sagt ihre Adresse.

Sie sind ganz schnell bei den neuen Wohnblocks, und es macht genau neun Mark und dreißig.

»Stimmt so«, sagt Traudchen und gibt den Schein hin. Dann rennt sie schnell über die Straße, auf der zum Glück jetzt keine Autos fahren. Doch – die Taxe hat gewendet und muß hupen und bremsen. Der Fahrer schimpft.

Auch Mia rennt nach Hause.

Ist das eine Aufregung dort. Papa war fort, um Mia zu suchen, und kommt gerade zurück. Mama hat die Polizei gerufen, und ein Polizist hat alle Kinder gefragt, wo Mia sein könnte. Aber die haben ja keine Ahnung, daß Mia immer bei Traudchen war, und haben sich Sorgen gemacht. Aber das ist nun vorbei, und sie können Weihnachten feiern.

Später erzählt Mia alles.

Papa sieht Mama an, und Mama sieht Papa an.

Mia hat Angst, daß sie ihr verbieten könnten, mit Traudchen zu spielen. Aber Mama sagt:

»Ich möchte Traudchen gern kennenlernen.«

Die Silbergeschichte

Als Frau Muschler auf dem Dachboden ihre Wäsche aufhing, kam die alte Nachbarin, die in ihrem Verschlag gekramt hatte.
»Ich habe etwas für Julchen zu Weihnachten«, sagte sie.
»Wie nett von Ihnen«, sagte Frau Muschler, »da wird sich Julchen gewiß freuen.«
Die alte Nachbarin schleppte etwas an, was nur so knarrte und quietschte. Es war ein altmodischer Puppenwagen. Er war verbogen und hatte nur drei Räder. Das vierte lag mit dem Verdeck zusammen in dem Korb, in den eigentlich die Puppen gehörten.
Frau Muschler bekam einen Schreck, als sie das alte Gerümpel sah. Aber weil sie sich nicht traute, das Geschenk abzulehnen, bedankte sie sich und schleppte den Puppenwagen in ihre Wohnung.
Als Julchen am Abend im Bett war, schob sie ihn ins Zimmer.
»Sieh dir das Ding hier an«, sagte sie zu ihrem Mann, der

vor dem Fernseher saß, »das hat die alte Nachbarin für Julchen gebracht. Damit lachen die anderen Kinder sie ja aus! Aber was sollte ich machen, die Nachbarin meinte es gut.«

Herr Muschler sah nicht nur fern, sondern las außerdem noch die Zeitung. Er brummte nur: »Hm, so, so, ja, ja, hm.«

»Du findest ihn also auch so scheußlich wie ich«, fuhr Frau Muschler fort. »Meinst du, es würde sich lohnen, ihn noch einmal zu retten? Wenn ich nur wüßte, wie Julchen darüber denkt.«

Herr Muschler sah nicht nur fern und las dabei die Zeitung, sondern steckte sich auch noch eine Zigarette an. Er murmelte: »Ja, ja, so, so, fffft« und blies das Streichholz aus.

Frau Muschler drehte den Puppenwagen hin und her. Das Gestänge war verbogen und voller Rost. Das Strohgeflecht löste sich auf. Die Gardinen am Verdeck waren nur noch Lumpen.

»Armes Julchen«, seufzte sie, »in solch einem Monstrum soll sie ihre schönen Puppen spazierenfahren. Aber sicher fragt mich die alte Nachbarin eines Tages, was Julchen gesagt hat, und was mache ich dann?«

Herr Muschler sah nicht nur fern, las dabei die Zeitung und rauchte, sondern schenkte sich zur gleichen Zeit ein Glas Bier ein. »Hm, hm, hm«, sagte er.

Frau Muschler begann, am Gestänge des Puppenwagens zu zerren, bis es einigermaßen gerade war. Es gelang ihr, das Rad festzumachen. Auch das Verdeck brachte sie wieder an die Stelle, wo es hingehörte. Als sie das Strohgeflecht mit Bindfaden flickte, zerstach sie sich die Finger. In der

37

Küche scheuerte sie den ganzen Puppenwagen mit einer Bürste und heißem Seifenwasser. Sie kramte aus ihrem Schrank einen alten Unterrock hervor, den sie schon lange nicht getragen hatte. Damit fütterte sie das Verdeck. Die Spitze vom Saum gab eine Rüsche rundherum.

Das Fernsehen war zu Ende, und Herr Muschler fand in der Zeitung nichts Neues mehr. Er trank sein Bier aus, drückte die Zigarette aus und kam in die Küche.

»Zeit zum Schlafen«, sagte er. Dann sah er den Puppenwagen. »Nanu, das ist ja ein tolles Fahrzeug. Woher stammt denn das?«

»Ich habe es dir schon ein paarmal erklärt«, sagte Frau Muschler, »aber du hörst mir ja nicht zu.«

Herr Muschler fand den Puppenwagen ganz manierlich, nur etwas farblos. Er überlegte und begann dann, in seinem Werkzeugschrank, auf dem Regal und schließlich in der Speisekammer zu kramen. Im Besenschrank fand er, was er suchte. Es war eine große Dose Silberbronze, die er für sein Auto gekauft hatte. Er schob Frau Muschler zur Seite und begann das Gestell zu versilbern.

»Die Räder auch«, verlangte Frau Muschler. Sie hielt ihm die Farbe, und er strich nach den Rädern auch noch den Griff an. Dann standen beide da und sahen den Puppenwagen mit schiefem Kopf an.

»Er könnte Julchen vielleicht doch gefallen«, sagte Frau Muschler. Herrn Muschler tropfte etwas Silberbronze auf das Verdeck.

»Paß auf«, rief Frau Muschler und versuchte, es mit ihrer Schürze wegzureiben. Der Klecks blieb. Da strich Herr Muschler auch das Verdeck silbern. Als es fertig war, rann

an mehreren Stellen die Silberbronze in das Strohgeflecht.
Nach kurzer Zeit war es gestrichen, und Herr Muschler
stellte die Farbdose auf das Frühstückstablett. Der Puppenwagen war jetzt wirklich prachtvoll. Dafür hatte das Tablett
einen Ring. Es blieb nichts anderes übrig, als es zu streichen.
Dabei kleckste Herr Muschler den Herd voll.
Schon immer hatte sich Frau Muschler eine versilberte Herd-
platte gewünscht. Sie brachte schnell noch einiges, was Herr
Muschler anstreichen sollte: den Lampenfuß, den Spiegel-
rahmen, den alten Mülleimer und die Küchenwaage. Herr
Muschler strich außerdem noch das Ofenrohr, die Gardinen-
stange, die Türgriffe und den Wasserkessel.
»Du hast keine Angst, daß es etwas überladen wirken
könnte?« fragte er zwischendurch. Aber Frau Muschler
konnte nicht genug Silber sehen. Er mußte außerdem noch
alles streichen, was Farbspritzer abbekommen hatte.
»Zum Beispiel deine Nase«, sagte er und kam mit dem Pinsel
auf Frau Muschlers Gesicht zu.
»Lieber deine Schuhe«, rief sie quietschend.
Herrn Muschlers Schuhe waren voller Silberflecke. Weil es
die alten waren, kam es nicht darauf an. Er zog sie aus, und
schon waren sie silbern. Sie waren nicht wiederzuerkennen.
Aber die Farbe war auch alle.
Herr und Frau Muschler kamen vor Lachen außer Atem und
mußten sich hinsetzen.
»Was macht ihr für einen Lärm?« fragte Julchen und tappte
in die Küche. Sie sah überall Silber. Mitten im Raum stand
der schönste Puppenwagen, den sie je gesehen hatte.
»Für wen ist der?« fragte sie.
»Der ist für dich«, sagte Frau Muschler.

»Und wem gehören die Silberschuhe?« fragte sie.
»Die gehören mir«, sagte Herr Muschler.
Aber das konnte er Julchen nicht weismachen.
Irgend jemand war gekommen und hatte den Puppenwagen gebracht. Alles, was er angefaßt hatte, war zu Silber geworden. Er hatte seine Schuhe ausgezogen, um niemanden zu stören, und hatte sie dann vergessen.
»Na, meinetwegen, so könnte es auch gewesen sein«, sagte Frau Muschler.
Sie schickte Julchen am anderen Morgen zur Nachbarin: »Erzähl ihr deine Geschichte, sie freut sich darüber!«
Julchen nahm zum Beweis die Silberschuhe mit.

Die Geschichte von der Koschale

»Einmal«, erzählte Ella, die bei uns saubermacht, »einmal wären meine drei Brüder und ich um die Weihnachtszeit fast Waisenkinder geworden, ohne Vater und Mutter allein auf der Welt. Das ist lange her, und es kam so:

Bei uns auf dem Dorf in Niedersachsen wurde früher Koschale gemacht, das war das Weihnachtsessen. Eine Woche vorher backte man dazu große Mengen Pfefferkuchen auf dem Blech. Die eine Hälfte wurde in Rechtecke geschnitten, bekam Zuckerguß und wurde für uns Kinder zurückgelegt. Die andere Hälfte brockte man in große Steintöpfe, wie man sie auch für Gurken oder Sauerkraut nahm. Darüber goß man Branntwein, bis der Topf voll war. Er wurde zugedeckt und irgendwo hingestellt, wo es kühl war. Weihnachten kam er auf den Tisch. Mit der Kelle wurde die Koschale in tiefe Teller gefüllt und mit Löffeln gegessen. Dazu gab es Brot und Knackwurst. Das war natürlich nur für die Großen, aber wir Kinder durften kosten. Alle bekamen beim Essen rote Gesichter und wurden laut und fröhlich.

Also – Mutter hatte wieder einmal den Steintopf gefüllt und zugedeckt. Unser Haus war klein und hatte keinen Keller. Mutter wußte nicht recht, wohin mit der Koschale, und stellte sie schließlich in der Schlafkammer auf das Spind, so haben wir damals den schmalen Kleiderschrank genannt.

In der Nacht wachte unser Vater auf, weil der Hund bellte. Vielleicht hatte der eine wildernde Katze gejagt, oder eine Eule war ihm vor der Nase entlanggestrichen. Er wollte sich nicht beruhigen, und als er endlich still war, konnte Vater nicht wieder einschlafen. Er kam ins Grübeln, dachte daran, was vor dem Weihnachtsfest noch alles zu erledigen war, und freute sich auf die gute Koschale. Da fiel ihm ein, daß der Steintopf ganz in der Nähe war. Er meinte, es könnte nicht schaden, einmal zu probieren, ob Mutter die richtige Mischung angesetzt hatte. Zuviel Pfefferkuchen war nämlich nicht gut, zuviel Branntwein dagegen schadete nichts.

Um Mutter nicht zu wecken, stieg Vater vorsichtig aus dem Bett, rückte den Schemel an das Spind, packte seine Jacke und seine Hose vom Schemel auf das Fensterbrett und kletterte hoch. Er angelte nach dem Deckel, lüftete ihn und fuhr mit der anderen Hand in die Koschale, denn einen Löffel hatte er nicht. Er schlürfte aus der hohlen Hand und fand, daß Mutter ihre Sache gut gemacht hatte.

Er stieg wieder vom Schemel und legte sich behutsam hin. Wir schliefen damals auf Säcken, die mit Stroh gefüllt waren und bei der kleinsten Bewegung raschelten. Doch Vater war so leise, daß Mutter nur einmal aufschnaufte, aber fest weiterschlief. Es war ihm angenehm warm um den Magen herum geworden, und er schlummerte ein.

Kurz darauf bellte der Hund wieder. Diesmal nur kurz, wie Hunde es tun, wenn sie träumen. Aber Vater schreckte hoch und lag wieder wach. Er grübelte und dachte: Es soll wohl so sein. Oder vielleicht dachte er auch nichts. Jedenfalls kletterte er erneut auf den Schemel und faßte in die Koschale. Mutter reckte sich, aber sie wachte nicht auf. Vater hatte nun zu seinem warmen Bauch auch noch ein heißes Gesicht bekommen. Er war zwar müde, meinte jedoch, es sei besser, gleich noch einmal an die Koschale zu gehen, denn wenn er erst einmal schlief, kam er nicht mehr dazu. Auch war es gut, mehrmals zu schlürfen, damit er danach seine Ruhe hatte.

Als er sich wieder hingelegt hatte, war ihm so, als wenn das Bett schaukelte, und manchmal, als wenn es flöge und über Kopf landete. Aus Erfahrung kannte Vater dagegen ein gutes Mittel. Er stellte einen Fuß fest auf den Boden: sofort stand das Bett still. Aber nun wurde Vaters Fuß langsam kalt.

Draußen war Frost, und der zog mächtig durch die Fensterritzen. Mutter legte abends immer einen Feldstein in die Ofenröhre. Wenn der heiß war, wickelte sie ihn in ihre Schürze und legte ihn ins Bett an das Fußende. Vater lachte sie sonst aus, denn er hatte niemals kalte Füße. Jetzt wäre er gern mit unter Mutters Decke geschlüpft. Doch er traute sich nicht, denn gewöhnlich hatte Mutter einen leichten Schlaf und wachte sofort auf. Er sagte sich: Die Koschale hat mir den Magen und das Gesicht erwärmt, nun soll sie auch etwas für meinen kalten Fuß tun.

Es fiel ihm nicht mehr so leicht wie vorher, auf den Schemel zu klettern, denn der wackelte genauso wie das Bett. Vater stützte sich mit dem anderen Fuß auf dem Fensterbrett ab, bis sich der Schemel beruhigt hatte. Er mußte mit beiden Händen suchen, ehe er den Koschaletopf fand. Als er ihn endlich erwischt hatte, polterte der Deckel nach unten, das machte ziemlichen Lärm. Mutter schreckte hoch und rief: ›Was ist denn?‹

Vater fuhr zusammen, rutschte mit dem einen Fuß vom Fensterbrett, mit dem anderen vom Schemel und stürzte auf die Bettkante. Dabei stieß er sich den Rücken und bekam viele blaue Flecken.

Er riß den Koschaletopf mit sich, und der landete haargenau neben Mutters Kopf auf dem Strohsack.

Ja, so war das«, sagte Ella. »Es ging noch alles gut aus. Schließlich konnte sich Vater den Hals brechen, und um ein Haar hätte der Steintopf unsere Mutter erschlagen. Dann wären wir Waisenkinder gewesen. So war es nur ein Unglück, daß Vater zu Weihnachten keine Koschale bekam, denn die war in den Strohsack gelaufen. Mutter hat alles

draußen auf den Mist gebracht und sich einen neuen Sack in der Scheune gestopft. Unsere Hühner und Gänse torkelten tagelang auf dem Hof umher.
Mutter sprach bis Neujahr kein Wort mit Vater. Der humpelte durch das Dorf und erzählte allen, er hätte schweres Rheuma.
Im Jahre darauf stellte Mutter den Steintopf mit der Koschale bis Weihnachten zur Nachbarin in den Keller.«

Die Fernsehgeschichte

Am Nachmittag hatte es Mama satt.
Frühmorgens war sie in der Stadt gewesen. Sie hatte sich mit vielen Menschen durch die weihnachtlich geschmückten Kaufhäuser gedrängt und Geschenke erstanden. Später, im Bus, war ihr der Einkaufsbeutel gerissen, und bis sie zu Hause war, waren ihre Arme lahm von den Paketen. Gegen Mittag hatte sie beim Fensterputzen eiskalte Finger bekommen. Als danach die Weihnachtsplätzchen in der Backröhre waren, hatte das Telefon geklingelt, da waren alle Plätzchen

46

verbrannt. Dann ließ Mama beim Abwaschen den Deckel von der Kaffeekanne fallen, nun konnte sie die Kanne nicht mehr benutzen und hatte es satt: sie wollte eine Weile Ruhe haben.

Nebenan begann gerade die Kinderstunde im Fernsehen. Mama hörte, wie es quakte und quietschte und wie Peter und Melanie vor Vergnügen laut lachten.

»Bitte geht ein bißchen nach draußen, ihr wart heute noch nicht an der frischen Luft«, rief Mama und blieb unerbittlich, sosehr sich Peter und Melanie auch sträubten. Sie schob beide aus der Tür, drehte den Fernseher ab und legte sich hin.

Peter und Melanie standen auf dem Hof.

Es war kalt und naß. Vor ein paar Tagen hatte es geschneit. Der Hauswart hatte den Schnee zu großen Haufen geschippt, die waren inzwischen grau und schmutzig. Da stand noch seine Schaufel. Verdrossen rammte Peter mit ihrem Stiel Löcher in den Schnee, eins neben dem anderen.

»Ich habe eine riesengroße Wut!« schrie er.

»Aber ich erst«, rief Melanie und trat gegen die Schneehaufen.

»Was macht euch denn so wütend?« fragte der Hauswart.

»Mama hat uns den Fernseher abgestellt und uns weggeschickt, nur weil sie ihre Ruhe haben will«, riefen Peter und Melanie.

»Wenn ihr immer so brüllt, kann man das verstehen«, sagte der Hauswart. »Deshalb macht ihr euch nun wohl selbst Fernsehen?« Und er zeigte auf die Löcher.

»Wieso?« fragten Peter und Melanie.

»Na, wenn man will, kann man ganz tief unten in jedem

47

Loch ein anderes Programm sehen. Es ist natürlich nicht so deutlich wie in einem richtigen Gerät, aber wenn ihr euch Mühe gebt, erkennt ihr es.«

»Das glaub' ich nicht«, sagte Peter.

Der Hauswart beugte sich tief über ein Schneeloch: »Also, in diesem hier läuft eben ein Cowboyfilm, ganz toll! Sie jagen mit den Pferden, daß man Angst bekommen kann – da, hab' ich mir doch gedacht, daß der kleine Dicke runterfällt, er hat sich fast den Hals gebrochen!«

Melanie saß neben ihm: »Aber ich seh' gar nichts!«

Der Hauswart stand auf und schob Melanie fast mit der Nase in das Loch hinein: »Sieh nur genau hin! Es ist ganz tief unten und ziemlich winzig, aber es ist gut zu erkennen.«

»Stimmt das?« fragte Peter.

»Ich weiß nicht«, sagte Melanie, »ich glaube schon.«

»Aber Melanie«, sagte der Hauswart, »du siehst doch, wie die Cowboys absteigen und ein Lagerfeuer machen. Und da – auf dem Hügel links taucht ein Indianer auf!«

»Ich sehe ihn, ich sehe ihn!« schrie Melanie.

»Laß mich mal«, rief Peter und schubste Melanie zur Seite.

»Komm her«, sagte der Hauswart. Er zog Peter am Kragen vor ein anderes Loch: »Du bekommst das zweite Programm. Geh ganz dicht heran, und gib genau acht. Es dauert eine Weile, bis du etwas erkennst. Das ist genau wie bei anderen Fernsehern. Na, ist das Bild schon da?«

»Noch nicht«, sagte Peter enttäuscht.

»Gib dir mal ein bißchen Mühe, du bist doch nicht dümmer als Melanie. Soviel ich weiß, gibt es gerade einen Zeichentrickfilm von einer Ente, die nicht schwimmen kann. Sie versucht es immer wieder, aber sie geht unter wie ein Stein.«

48

»Siehst du das?« fragte Melanie.

»Klar«, behauptete Peter, »die Ente ist so blöd, daß sie auch mit dem Fliegen nicht zurechtkommt und immer wieder auf den Schnabel fällt. Ein Glück – sie kann wenigstens laufen!«

»Bitte, bitte, laß mich die Ente sehen!« rief Melanie.

Aber Peter ließ sie nicht. Da hockte sich Melanie vor ein neues Schneeloch und sagte: »Dann darfst du auch nicht gucken, wie wir in den Ferien die Autopanne hatten, wie ihr alle geschoben habt und ich lenken durfte!«

»Na wenn schon«, rief Peter, »dafür hab' ich ein Loch mit der Mondlandung. Und wer setzt wohl seinen Fuß als erster dort auf? Darauf kommst du nie! Ich bin es, ich!«

»Ist mir doch egal«, gab Melanie zurück, denn sie sah einen tollen Film an, in dem sie selbst die Hauptrolle spielte.

Peter und Melanie stießen mit dem Schaufelstiel immer neue Löcher in die Schneehaufen und steckten ihre Nase hinein.

Oben riß Mama das Fenster auf und rief: »Peter, Melanie, steht sofort auf, ihr seid ganz naß! Kommt herauf, ehe ihr euch erkältet!«

Sie mußten warme Hausschuhe anziehen, und Mama sagte: »Wenn ihr wollt, könnt ihr weiter fernsehen.« Aber sie mochten nicht mehr. Sie sahen aus dem Fenster.

Unten stand der Hauswart, beugte sich über eins der Löcher, sah lange hinein, schüttelte dann den Kopf und ging weg.

»Was mag er gesehen haben?« fragte Melanie.

Die Reisegeschichte

Einmal feierte ein Junge Weihnachten erst im Mai.
Der Junge hieß Georg.
Georgs Eltern hatten sich so lange gezankt, bis sie nicht mehr miteinander leben konnten. Sie hatten nun zwei Wohnungen. Beide wollten Georg bei sich haben, aber Georg war ebenso gerne bei Papa wie bei Mama. Also war er abwechselnd einige Wochen da und einige Wochen dort.
Seinen Geburtstag hatte er in diesem Jahr bei Mama gefeiert. Nun sollte er Weihnachten bei Papa verbringen. Zwei Wochen vorher packte Mama seine Sachen. Sie gab ihm ihre Geschenke, und er durfte alles gleich auspacken. Dann bestellte sie eine Taxe, sagte dem Fahrer Papas Adresse und lief ins Haus zurück, ehe Georg winken konnte. Mama war jetzt oft recht merkwürdig.
Papa sagte zu Georg: »Was sollen wir beide hier allein sitzen

und Weihnachten feiern. Ich habe mir etwas anderes ausgedacht: wir verreisen!«

Das fand Georg prima.

Im Reisebüro buchte Papa eine Reise für zwei Personen nach Afrika. Vom Flughafen aus rief Georg noch einmal bei Mama an. Er sagte auf Wiedersehen und fragte, ob Mama Weihnachten an ihn denken würde. Ja, das wollte sie, und sie versprach, ganz bestimmt einen Gruß zu schicken: »Du hörst von mir.«

Georg flog mit Papa nach Afrika.

Sie bekamen ein schönes Hotelzimmer. Aus einem Fenster sah man das Meer, aus dem anderen konnte man Palmen sehen. Es war ganz warm, und sie badeten gleich im Schwimmbad. Dann gingen sie zum Hafen, schlenderten durch die Gassen, kletterten über Felsen und liefen zum Strand.

Sie kauften Sandalen und Strohhüte. Am Abend durfte Georg so lange aufbleiben wie Papa. Sie saßen an einem kleinen Tisch, der am Straßenrand stand, und beobachteten die vielen fremden Menschen.

»Gefällt es dir?« fragte Papa.

Es gefiel Georg.

Nach einigen Tagen sagte Papa: »Heute abend ist Weihnachten.«

Daran hatte Georg nicht mehr gedacht. Es war hier wie im Sommer, und nichts hatte ihn an Weihnachten erinnert. Vor allen Dingen gab es hier keine Weihnachtsbäume. Papa hatte nicht einmal einen Zweig aufgetrieben.

Sie saßen im Hotelzimmer. Georg bekam von Papa ein buntes Hemd und schenkte ihm eine große Muschel, die er am Strand gefunden hatte. Papa konnte sie als Aschenschale nehmen.

Georg dachte sehr an Mama. Sie hatte einen Gruß versprochen, aber sie hatte noch nichts von sich hören lassen. Vielleicht hatte sie angerufen. Georg wollte unten fragen, doch er konnte die fremde Sprache nicht.

Papa meinte: »Wir wollen spazierengehen.«

Auf den Straßen war großes Gedränge. Es war wie jeden Abend, nicht anders. Georg und Papa aßen etwas, dann gingen sie zum Hafen. Dort fuhr ein Schiff ab. Es war hell erleuchtet und hatte an allen Masten bunte Lichterketten.

Georg wollte wieder ins Hotel. Aber Mama hatte sich noch immer nicht gemeldet. Es kam auch nichts von ihr am nächsten und nichts am übernächsten Tag.

Georg war enttäuscht. Er wurde böse: »Das war kein richtiges Weihnachtsfest. Ich mag Mama nicht mehr, sie hat mich vergessen.«

Papa sagte nichts dazu.

Als sie wieder zu Hause waren, blieb Georg bei Papa.

Der erklärte es Mama am Telefon und sagte, es sei nicht seine Schuld. Mama wollte Georg sprechen, aber der weigerte sich. Da legte sie auf.

Im Mai brachte der Postbote ein Paket für Georg.

Es hatte Beulen, und das Papier war zerrissen. Dreierlei Schnüre hielten es zusammen. Auf der Vorderseite waren viele Marken und Stempel, und überall stand etwas in einer Schrift, die man nicht entziffern konnte. Das Paket war ganz leicht.

Georg schüttelte es und hörte, wie es innen knisterte und raschelte. »Vielleicht sind Mäuse drin«, sagte er.

Papa sah sich die Anschrift genau an und sagte: »Mach es auf!«

Georg zerschnitt die Schnüre und warf das Papier weg. Eine Schachtel kam zum Vorschein, die mit einer Schleife zugebunden war. Georg zog sie auf und hob den Deckel hoch. Darunter war buntes Seidenpapier. Er klappte es auseinander und fand nichts als trockenes, dürres Reisig. Und in einer Ecke ein Häufchen Tannennadeln.

Aber da war noch ein Brief:

»Lieber Georg,
hier hast du einen Weihnachtsbaum, weil es sicher in Afrika keinen gibt. Grüße Papa. Denkt an mich, ich denke an euch.
Mama«

Papa sagte zu Georg: »Mama hatte dich Weihnachten nicht vergessen. Die Post war so langsam, daß wir schon weg waren, als das Paket in Afrika ankam. Seitdem reist es hinter uns her und hat sich ein paarmal verirrt.«

Georg rief sofort Mama an, um ihr alles zu erzählen.

Dann hatten Papa und Mama ein langes Gespräch. Am Nachmittag kam sie. Auf dem Tisch stand der struppige Tannenbaum, der keine einzige Nadel mehr hatte.

Georg rief: »Jetzt feiern wir richtig Weihnachten!«

Papa und Mama zankten sich überhaupt nicht.

Am Abend zog Georg wieder mit zu Mama, für die nächsten Wochen. Aber Papa kommt bald zu Besuch.

Vielleicht ziehen sie auch wieder zusammen.

Die neugierige Geschichte

Ein Mann, der selbst sehr neugierig war, hatte eine neugierige Frau.
Das war nicht weiter schlimm, nur in der Weihnachtszeit fielen sie sich damit gegenseitig auf die Nerven. Sie hatten eine kleine Wohnung: ein Zimmer, die Küche, die Dusche und dazu eine winzige Diele; da war nicht viel Platz, um voreinander Weihnachtsgeschenke zu verstecken. Jeder wußte vom anderen, daß er vor Neugierde fast platzte und schon vorher versuchte, das Geschenk zu finden.
Einmal, als der Mann von der Arbeit kam, ertappte er seine Frau, wie sie alle seine Anzüge aus dem Schrank geräumt und seine Hemden aus der Schublade gezogen hatte.
»Ach«, sagte sie und bekam ein rotes Gesicht, »ich wollte nur etwas Ordnung schaffen«, und sie stopfte alles wieder in den Schrank und die Schublade. Aber der Mann wußte, daß sie sein Weihnachtsgeschenk gesucht hatte.
Als die Frau vom Einkaufen nach Hause kam, fand sie ihren Mann unter den Betten.

»Ich wollte ein wenig saubermachen«, sagte er und bekam rote Ohren.

»Mit den Händen?« fragte die Frau. Sie wußte, daß er nur gesucht hatte, wo sie ihr Geschenk versteckt hatte.

Sie führten keine anderen Gespräche mehr als:

»Was schenkst du mir? Bitte, verrate es, ich platze fast!«

»Was kriege ich von dir? Sag es mir, oder ich komme um!«

So gern sie gewußt hätten, was sie geschenkt bekamen, so wenig verrieten sie, was sie schenkten, und so große Mühe gaben sie sich, in der kleinen Wohnung ein Versteck zu finden, das der andere nicht vorzeitig entdeckte.

Als der Heilige Abend endlich gekommen war, konnten sie es schon am frühen Morgen nicht mehr aushalten. Die Frau sagte, sie sollten doch jetzt schon bescheren, schließlich sei den ganzen Tag Weihnachten. Das war dem Mann nur recht, auch er sah nicht ein, warum sie bis zum Abend warten sollten. Sie standen also auf, um die Geschenke zu holen.

Der Mann ging ins Zimmer, die Frau lief in die Küche. In der Diele rannten sie sich fast um, denn die Frau wollte ins Zimmer und der Mann in die Dusche. Dann stießen sie gegeneinander, weil der Mann in die Küche lief, und die Frau auch. Sie liefen hin und her und riefen sich nur manchmal zu: »Gleich ist es soweit!«

Aber es dauerte sehr lange: sie hatten die Geschenke so gut versteckt, daß sie sie nun selbst nicht mehr fanden.

Der Mann rückte den Schrank von der Wand ab, die Frau hob die Matratzen aus dem Bettgestell. Er schraubte die Lampe ab; sie rollte den Teppich auf. Er montierte die Rückwand vom Radio ab; sie sah oben auf der Gardinenleiste nach.

»Ich finde es nicht mehr«, rief sie endlich.

»Such weiter, ich bin so neugierig darauf«, sagte der Mann und steckte seinen Kopf in die Backröhre.

»Wie ich auf deines«, antwortete die Frau. »Wo hast du es?«

»Wenn du nicht immer danach gesucht hättest, hätte ich es nicht so gut versteckt«, rief der Mann, »du bist schuld!«

»Und du bist schuld, daß ich mein Geschenk nicht mehr finde!« entgegnete sie. Aber weil Weihnachten war, wollten sie sich nicht zanken. Sie suchten lieber gemeinsam weiter. Schließlich waren die Schränke ausgeräumt, alle Kannen und Töpfe umgestülpt, in den Mänteln die Taschen nach außen gewendet und die Bilder von der Wand genommen. Sie hatten überall dreimal nachgesehen, und sie hatten nichts gefunden.

»Dann sag mir wenigstens, was es ist«, meinte die Frau. Aber das wollte der Mann nicht:

»Es ist dann keine Überraschung mehr.«

»Sag mir, wie es aussieht!« drängelte sie. »Klein, groß, spitz oder rund?«

»Klein«, sagte der Mann. »Und dein Geschenk?«

»Spitz«, sagte die Frau.

Es wurde Abend. Die Wohnung war vollkommen durcheinander. Sie wollten Licht machen, da waren die Birnen herausgeschraubt. Sie wollten Essen machen und fanden die Teller nicht mehr. Sie wollten schlafen gehen und mußten die Kissen suchen.

»Ich kann nicht mehr«, rief der Mann und ließ sich in den Sessel fallen. Aber weil der mit den Beinen nach oben stand, fuhr er sogleich wieder hoch. Er drehte ihn herum und

57

zerstach sich dabei die Hand, denn er faßte an etwas Spitzes, das in der Polsterung steckte.

»Au«, rief er und zog das Taschentuch aus der Hosentasche, um es sich um den Finger zu wickeln. Dabei rollte etwas ganz Kleines auf den Boden.

Ob sie die Geschenke noch gefunden haben? Wer weiß!

Und was es war? Das geht nur die beiden an – wer wird denn so neugierig sein!

Die Geschichte vom Strolch

Der Vater von Anne ist Vertreter, er ist mit dem Auto unterwegs und kommt erst zum Wochenende nach Hause. Wenn er dann da ist, nimmt er sich Zeit für Anne und spielt und tollt mit ihr. Beide sind traurig, daß er am Montag früh wieder weg muß. Anne hat einen Kalender, und Papa hat ein Notizbuch. Beide machen sie Kreuze und zählen die Tage bis Weihnachten. Dann wollen sie die Feiertage und eine ganze Woche Ferien dazu richtig genießen.

Aber einige Zeit vorher sagt Papa, daß daraus nichts wird; er hat so viel zu tun, daß alle seine Abrechnungen liegenbleiben. Die wird er nun zu Weihnachten aufarbeiten müssen, und gleich danach muß er wieder wegfahren. Anne hört zu, wie er das mit Mama bespricht.

»So fällt wieder mal alles ins Wasser«, sagt er.

»Mach es einfach nicht, und bleib bei uns«, ruft Anne.

Aber Mama hat einen besseren Vorschlag. Sie will mit Papa zusammen eine Woche fortfahren; gemeinsam werden sie es schon schaffen, daß Papa zu Weihnachten einige Tage frei hat.

»Aber wer bleibt bei Anne?« fragt Papa. »Wir können sie hier nicht ganz allein im Haus lassen.«

Mama meint: »Ich werde Tante Erni darum bitten.«

Anne zieht ein Gesicht, aber sie sieht ein, daß Mama recht hat.

Mama ruft gleich Tante Erni an. Ja, sagt sie, es sei natürlich eine Ausnahme, und Tante Erni habe vollkommen recht, daß eine Frau ins Haus und nicht ins Auto gehöre, wenn ein Kind schon einen Vater habe, der nie da sei, sicherlich, das sehe sie ein, was Tante Erni sage, ein Kind brauche seine Mutter, aber es habe eben Glück, wenn es wenigstens eine Tante habe, ganz recht und: »Vielen Dank, daß du kommen willst«, sagt Mama, dann legt sie den Hörer auf.

Tante Erni ist ein wenig altmodisch, aber Papa und Mama sind froh, daß man sie anrufen und um etwas bitten kann. Sie sagen, Anne soll lieb und brav und folgsam sein.

Am anderen Morgen kommt Tante Erni, dann fahren Papa und Mama weg.

Anne und Tante Erni vertragen sich gut, wenn die Tante auch findet, daß Annes Haare ins Essen hängen, und sie ihr deshalb Zöpfe flicht. Anne darf Tante Erni beim Kreuzworträtsel helfen, und Tante Erni sieht mit Anne zusammen das Kinderfernsehen an.

Es wird früh dunkel um die Weihnachtszeit. Tante Erni läßt alle Rolläden herunter, schließt die Haustür ab und legt die Kette vor. Sie stellt unter die Klinke der Balkontür einen Stuhl. Sie schiebt im Keller vor die Außentür eine Kartoffelkiste.

»Bei Dunkelheit wollen wir keinen Besuch mehr haben«, sagt sie, »um diese Zeit kommt niemand mehr, ohne sich vorher anzumelden. Höchstens Einbrecher.«
»Oder Räuber«, sagt Anne.
»Das ist fast das gleiche«, sagt Tante Erni.
»Mörder auch?« fragt Anne.
»Male den Teufel nicht an die Wand!« ruft Tante Erni. Sie rennt durch das ganze Haus, bückt sich unter alle Betten, sieht in alle Schränke und hinter alle Türen, ja, sie zieht sogar die Schubladen der Kommode auf, in die wirklich bloß Zwergeneinbrecher passen würden.
Anne läuft hinter ihr her, sie sieht in den Kühlschrank und unter den Teppich.
Dann sitzt Tante Erni da und horcht. Sie sagt, Anne soll nicht so laut reden, man könne nicht hören, ob jemand um das Haus schleicht. Plötzlich klingelt das Telefon.

»Mein Herz!« ruft Tante Erni.
Aber Anne weiß, daß es Papa und Mama sind, denn sie haben versprochen, am Abend anzurufen. Sie nimmt den Hörer ab und fragt, wie es ihnen geht. Mama sagt, sie hätten viel geschafft und es sei gut, daß sie mitgefahren ist. Anne sagt, ihnen ginge es auch gut.
Nun hat sich Tante Erni gefaßt, kann an das Telefon kommen und sagt: »Es ist bisher alles in Ordnung!«
»Warum auch nicht«, sagt Mama, »mach's gut bis Samstag, wir melden uns nicht noch einmal.«
Am nächsten Abend geschieht nichts. Als Tante Erni jedoch am folgenden Abend wieder alles abgeschlossen und verriegelt hat und gerade im ganzen Haus in alle Ecken und unter alle Möbel schaut, klingelt es. Tante Erni packt Anne am Arm und zieht sie hinter den Küchenherd. »Sei ganz still. Wir sind nicht zu Hause«, raunt sie.

»Aber wir sind doch da«, flüsterte Anne, »wenn du dich nicht traust, kann ich aufmachen!«

»Untersteh dich!« zischt Tante Erni.

Da klingelt es schon wieder.

Anne schreit: »Au«, so fest kneift Tante Erni in ihren Arm.

Es klingelt noch einmal und noch einmal. Dann schlägt etwas gegen die Tür.

»Sie brechen ein!« jammerte Tante Erni. »Ich rufe die Polizei!«

Sie schleicht gebückt durch die Diele an das Telefon. Anne huscht hinter ihr her. In der Haustür ist ein kleines verglastes Guckloch. Anne stellt sich auf die Zehenspitzen, aber sie kann nichts erkennen. Doch – seitlich sieht sie was Rotes schimmern, nur ein Stück Nase und ein wenig Bart.

Sie dreht sich zu Tante Erni um und flüstert: »Ich glaube, es ist ein Nikolaus.«

Tante Erni blättert hastig im Telefonbuch und erwidert leise: »Glaub das nicht! Er will uns reinlegen. Laß die Hände von der Türklinke«, denn Anne will aufschließen.

Tante Erni kommt schnell und hält Anne fest.

Draußen sagt eine Stimme: »Nun macht schon auf, ich weiß ja, daß ihr da seid. Ihr werdet doch keine Angst haben, wenn der Nikolaus kommt!«

Anne weiß, daß ein Nikolaus weder ein Einbrecher noch ein Räuber ist. Der vom letzten Jahr war der Vater von Annes Freundin, und der im Jahr davor war ein Nachbar.

Tante Erni ruft: »Scheren Sie sich sofort weg, oder ich rufe die Polizei!«

»Aber Tante Erni«, sagt draußen der Nikolaus, »warum so streng mit mir. Ich komme durch Schnee und Eis...«

62

»Ha«, ruft Tante Erni, »schon gelogen. Kein Schnee, kein Eis. Es ist warm und regnet.«

»Hatschi«, niest der Nikolaus.

»Gesundheit!« ruft Anne.

»Du bist wenigstens nett zu mir«, sagt der Besuch vor der Tür, »laß du mich rein, Anne, ich will dir etwas schenken.«

»Nein, das wird sie nicht tun!« ruft Tante Erni. »Diesen Trick kenne ich aus der Zeitung: man verkleidet sich und überwältigt wehrlose Frauen und Kinder! Darauf fallen wir nicht herein.«

Anne glaubt, daß der Nikolaus lacht, aber vielleicht hat sie sich verhört. Jedenfalls sagt er jetzt: »Ich schlage euch etwas vor. Ihr laßt die Kette dran, aber ihr macht die Tür einen kleinen Spalt weit auf, daß ich euch meine Geschenke durchreichen kann.«

»Nicht einmal das«, sagt Tante Erni.

»Dann nicht, es ist euer eigenes Pech«, sagt er. Anne und Tante Erni hören, wie er davonstapft. Tante Erni schimpft hinter ihm her, aber Anne ist bockig, sie hätte gern dem Nikolaus aufgemacht. Doch dann denkt sie daran, daß sie Papa und Mama versprochen hat, folgsam zu sein.

Als Anne am anderen Morgen für Tante Erni die Zeitung hereinholt, findet sie zwei Päckchen auf der Türschwelle. Die sind naß und aufgeweicht vom Regen. Anne legt sie Tante Erni auf den Frühstückstisch. Auf dem einen steht: »Für Anne«, auf dem anderen: »Für Tante Erni.«

»Die hat der Nikolaus dagelassen«, sagt Anne.

»Nicht anfassen!« ruft Tante Erni. »Das kenne ich aus der Zeitung. Sie legen harmlose Päckchen vor die Tür, und dann sind es Bomben!« Sie holt die Müllschaufel, legt beide

Päckchen vorsichtig darauf und trägt sie in den Garten. Dort wirft sie alles unter ein Gebüsch.

»So«, sagt sie zufrieden, »hier können sie meinetwegen in die Luft fliegen.« Aber dann rennt sie in das Haus, so schnell sie kann.

Später schleicht sich Anne heimlich hin und bringt die Päckchen in ihr Zimmer. In dem einen, auf dem ihr Name steht, sind klebrige Bonbons und eine Stoffkatze mit einem aufgeweichten Hinterteil. In dem anderen, das für Tante Erni sein soll, ist ein hübsches Taschentuch mit einer Spitzenkante. Das trocknet Anne auf der Heizung und gibt es Tante Erni beim Mittagessen.

»Wie nett und aufmerksam von dir«, sagt Tante Erni. Sie fragt nicht, woher Anne das Tuch hat.

Zum Wochenende kommen Papa und Mama nach Hause. Mama ist sehr stolz, wie tüchtig sie beide waren. Wenn sie noch eine Woche mit Papa mitfährt, können sie richtig lange Weihnachtsferien machen. Es kommt natürlich darauf an, ob Tante Erni noch so lange dableibt. Tante Erni sagt ja, wenn nicht allzu oft solche aufregenden Dinge passieren wie an jenem Abend, als der Nikolaus zu ihnen hineinwollte. Und dann erzählt sie alles ganz genau.

»Es war ein Strolch mit riesengroßen Pranken, einem Stoppelbart und stechenden Augen«, sagt sie. Anne wundert sich, daß Tante Erni ihn so genau beschreibt, denn sie hat ihn niemals durch das Guckloch angeschaut. Papa und Mama lachen.

Später liegt Anne im Bett und hört, wie Papa mit einem Kollegen telefoniert. Er bespricht allerlei Geschäftliches, und dann sagt er: »Sie findet, du siehst aus wie ein Strolch.«

Die Kirchengeschichte

Zu Weihnachten ist unsere Kirche hier im Dorf immer knüppeldickevoll. Da gehen auch die hinein, die sich sonst das ganze Jahr hindurch nicht sehen lassen. Manche schicken bereits eine Stunde vorher ihre Kinder, die müssen gute Plätze freihalten. Früher saßen die Männer auf der Empore und die Frauen unten im Kirchenschiff. Jetzt darf man sich hinsetzen, wo man will. Man muß nur aufpassen, daß man nicht hinter die Säulen zu sitzen kommt, denn dort sieht man nicht gut.

Alles ist feierlich und eindrucksvoll. Neben dem Altar steht ein hoher Tannenbaum mit vielen elektrischen Kerzen. Oben an der Balustrade stellt sich der Posaunenchor auf und bläst zur Einleitung. Es klingt etwas falsch, sie sagen, das kommt von der Kälte, aber im Sommer ist es nicht anders. Dann singt der Männergesangverein, und die Orgel spielt fast die ganze Zeit.

Unser neuer Pastor will alles noch eindrucksvoller und feierlicher haben. Darum sagt er nach der Predigt: »Und nun hört alle gut zu, liebe Gemeinde, Männer, Frauen und Kinder, wir singen jetzt gemeinsam das Lied ›Vom Himmel hoch‹. Eine Strophe davon wird uns die Orgel spielen, die nächste singen wir, na, und so weiter. Habt ihr mich verstanden?«

Ja, wir meinen schon. Die Orgel ist bereits bei der ersten verschlungenen Einleitung, aus der heraus wir die Melodie erkennen. Wir wissen nicht genau, ob das schon als erste Strophe gilt oder ob es noch das Vorspiel ist. Und überhaupt, sollen wir den Text der ersten oder den der zweiten

Strophe singen? Warten wir erst mal ab, was der Pastor macht. Die Orgel schweigt, und wir schweigen auch. Der Pastor singt allein. Er hat eine schöne, laute Stimme. Als er merkt, daß wir zögern, hebt er mit den Händen einen unsichtbaren Täufling – so sieht das jedenfalls aus. Wir singen immer ein wenig hinter ihm her, so brauchen wir nicht ins Gesangbuch zu schauen, sondern nur auf seinen Text zu hören. Aha, er singt mit uns die erste Strophe. Danach setzt wieder die Orgel ein. Leider singen ein paar, die vorher nicht aufgepaßt haben, jetzt weiter und hören erst auf, nachdem der Pastor mit den Händen gewedelt hat.

Doch die Überraschung, die alles noch eindrucksvoller und feierlicher macht, soll erst kommen. Kurz vor dem Gottesdienst hat der neue Pastor zu Fritz Wille gesagt: »Du gehst in die Sakristei an den Schalterkasten. Wenn du hörst, daß wir die erste Strophe ›Vom Himmel hoch‹ singen, machst du das Licht über dem Eingang aus, bei der zweiten Strophe das Licht im rechten Seitenschiff, bei der dritten das im linken. Dann kommen die beiden Seiten der Empore an die Reihe und schließlich nacheinander die drei großen Leuchter im Mittelschiff. Die letzte Strophe singen wir nur im Schein der Kerzen am Christbaum. Ist das klar?«

Der Pastor hat sich alles gut ausgedacht, und wenn es geklappt hätte, wären wir sicher sehr beeindruckt gewesen. Leider war Fritz Wille vordem noch nie in der Sakristei. Nachdem der Pastor weg ist, sieht er sich erst einmal um. Den Schalterkasten findet er schnell, aber da sind so viele Hebel und Knöpfe, daß er nicht weiß, welcher davon für welches Licht ist. Er kann auch nicht von der Sakristei aus in die Kirche sehen oder vorher alles probieren, nur hören

kann er. Er hört den Posaunenchor, den Männergesangverein, die Predigt und die Orgel. Dann hört er, wie wir zu
singen anfangen. Er überlegt, daß der Knopf für das Licht
über dem Eingang irgendwo in der Mitte sitzen müßte, und
drückt auf den unteren mittleren Schalter. Das war die
Lampe in der Sakristei, und Fritz sitzt erst einmal im
Dunkeln. Nachdem er sich etwas beruhigt hat und es ihm
geglückt ist, das Licht wieder einzuschalten, hört er, daß
wir schon bei der zweiten Strophe angelangt sind. Schnell
drückt er einen etwas höhergelegenen Schalter – da geht
das Licht auf der rechten Seite der Empore aus.
August Lütge brüllt laut: »Liiiicht an«, dann schlägt er sich
erschrocken auf den Mund; er hat vergessen, daß er in der
Kirche und nicht auf der Kegelbahn ist. Doch Fritz Wille
hat den Ruf gehört, und das Licht der Empore geht wieder
an. Unsere Strophe ist fertiggesungen, nun setzt die Orgel
ein. Wir haben uns noch nichts dabei gedacht, als das Licht
auf der Empore einmal kurz aus und schnell wieder an war.
Wie jetzt aber plötzlich die drei großen Leuchter im Mittelschiff ausgehen, starren wir alle nach oben, der Pastor auch.
Mit erhobenem Gesicht singen wir die dritte Strophe. Wir
sind noch dabei, als die Leuchter wieder angehen, dafür sind
die Lampen in beiden Seitenschiffen aus.
Im linken Seitenschiff sitzt ganz am Ende einer Reihe unser
Elektrikermeister, Johann Bosse. Mit Besorgnis hat er die
wechselnde Beleuchtung beobachtet, denn niemand weiß
so gut wie er, daß einige Reparaturen in der nächsten Zeit
unumgänglich sind. Bei dem feierlichen Orgelspiel, das
nach unserem Gesang wieder an der Reihe ist, steht er auf
und drängt sich durch die Reihe. Dadurch entsteht einige

Unruhe, jedoch nicht mehr als auf der Empore, die jetzt im Dunkeln liegt. Allerdings sind die Seitenschiffe wieder erleuchtet.

Wir singen und sehen Johann Bosse nach, wie er durch den Mittelgang eilt. Er wird den Fehler schon finden, denken wir. Eine Sekunde lang ist das Licht ganz weg, und nur vorn der Christbaum erstrahlt, danach leuchten alle Lampen wieder auf, die irgend leuchten können.

Der Pastor ist die Treppe von der Kanzel hinuntergeklettert und eilt hinter dem Elektrikermeister her. Sie verschwinden hinter der Tür zur Sakristei.

Der Pastor fehlt uns sehr. Wenn er nicht vorneweg singt, müssen wir die Gesangbücher aufschlagen. Wir geraten mit dem Text durcheinander, einige singen die vierte, andere schon die fünfte und sechste Strophe. Doch wir schaffen auch das, und die Orgel kann uns wieder ablösen.

Kurz hintereinander flackern jetzt die Kerzen am Christbaum dreimal aus und an, danach verlöschen sie. Gleich darauf liegt die ganze Kirche im Dunkeln. Die Orgel verklingt mit einem immer tiefer werdenden Pfeifton, wir sind stolz, daß sie seit dem letzten Sommer elektrische Blasebälge hat.

In der Sakristei hat Fritz Wille, unterstützt vom Elektrikermeister und vom Pastor, einen Kurzschluß gemacht.

Zum Glück kennt Johann Bosse die Schalttafel auch im Dunkeln ganz genau. Es ist nicht das erste Mal, daß er hier steht. Er findet die Sicherungen, und das Licht geht überall wieder an. Die Orgel pfeift wie eine Lokomotive, ehe sie mit einem neuen Zwischenspiel einsetzt. Der Pfarrer steht wieder auf der Kanzel, und wir holen Luft, um die letzte Strophe zu singen.

Da erdröhnen die Glocken.
Fritz Wille hat sich in der Sakristei abgestützt und den Hebel für das Geläut erwischt. Es ist für uns das Zeichen, daß der Gottesdienst vorüber ist, und wir drängen aufgeregt zum Ausgang. Wir sehen nicht mehr, daß der Elektrikermeister nun in der richtigen Reihenfolge die Lampen verlöschen läßt, bis allein der Christbaum strahlt.
Wir gehen nach Hause, als kämen wir aus einem Kino.

Die Schlüsselgeschichte

Oben wohnen seit einiger Zeit Hannes und Jonas mit ihren Eltern. Unten wohnt Herr Grasmann ganz allein, und ihm gehört das Haus. Er ist schon ziemlich alt. Seine Frau ist gestorben, und seine Kinder sind fortgezogen. Menschen mag er nicht besonders gern. Er mag nur seinen Hund, und der Hund mag ihn.
Herr Grasmann beschwert sich regelmäßig, wenn Hannes und Jonas über ihm toben. Dann schimpft Mama mit ihnen, und sie sagen Herrn Grasmann eine Weile nicht guten Tag. Aber auch Mama macht er Vorwürfe. Sie läßt immer die Gartenpforte offen, wenn sie vom Einkaufen kommt. Herr Grasmann beschwört sie, es nicht zu tun, jedoch sie vergißt es immer wieder. Selbst Papa hatte mit Herrn Grasmann schon einmal Krach. Er hatte sein Auto vor dem Haus geparkt, und Herr Grasmann verlangte, Papa solle es ein Stück weiter weg abstellen, dies hier sei sein Autoplatz, und schließlich gehöre ihm das Haus. Papa meinte, die Straße könne jeder benutzen, das hätte nichts mit dem Haus zu tun. Daraufhin stellte Herr Grasmann eine Mülltonne auf die Stelle, als er fortfuhr. Er bekam einen Strafzettel von der Polizei, und Papa war froh, daß sein Auto um die Ecke stand.

Es ist nicht ganz einfach mit Herrn Grasmann. Aber viel schlimmer ist sein Hund, der alle anknurrt. Um den machen sie einen weiten Bogen.

»Trotzdem«, sagt Mama, »tut mir Herr Grasmann leid. Schließlich ist er den ganzen Tag allein. Wo mag er zu Weihnachten sein? Ob er zu seinen Kindern fährt?«

Papa antwortet: »Darüber würde ich mir keine Gedanken machen.«

»Ich überlege nur«, erwidert Mama, »ob wir ihn einladen sollten.«

»Nein«, ruft Hannes, »das sollten wir nicht!«

»Nein«, ruft Jonas, »er soll mit seinem Hund feiern.«

»Ihr seid garstig«, sagt Mama. Aber Papa meint, sie seien nicht verpflichtet, sich um Herrn Grasmann zu kümmern.

Am Weihnachtsvormittag putzen Hannes und Jonas mit Papa den Baum. Mama will nach dem Mittagessen, daß alle noch eine Stunde ruhen. Aber Hannes und Jonas kribbelt es, sie sind viel zu gespannt, was heute noch alles geschieht. Mama macht schnell einen Tee, dann schickt sie die beiden vor die Tür; sie will mit Papa die Bescherung vorbereiten. Hannes und Jonas hören, wie es drinnen huscht, klappt, scharrt und raschelt.

Sie stehen im Treppenhaus am Fenster. Durch das Geäst der Bäume können sie in andere Häuser sehen. Fast überall brennen jetzt Kerzen. Von hier aus erkennen sie nicht viel, aber von der Straße aus können sie besser in die Wohnungen sehen. Sie brauchen nur auf Zäune zu klettern oder sich an Fensterbrüstungen hochzuziehen.

Zu Hause macht Mama die Tür auf und ruft: »Hallo, es kann losgehen!« Aber Hannes und Jonas sind nicht da. Sie

sucht überall, doch sie mag nicht so laut durch das Treppen-
haus rufen, das könnte Herrn Grasmann stören und Ärger
geben. Sie läuft lieber nach unten und sieht dort nach. Natür-
lich läßt sie wieder die Gartenpforte offen.
Fünf oder sechs Häuser weiter findet sie Hannes und Jonas.
Sie stehen auf einer Mülltonne und sehen in ein fremdes
Fenster. Mama will schimpfen, aber sie besinnt sich, daß
Weihnachten ist. Sie zieht die beiden herunter, und alle drei
rennen nach Hause.
Unterwegs kommt ihnen Papa entgegen.
»Wo steckt ihr?« fragt er.
»Wir kommen schon«, rufen sie atemlos. Sie springen die
Treppe hoch – und da ist die Tür zugeschlagen.
»Macht schnell auf!« ruft Hannes.
»Wir können es nicht erwarten!« ruft Jonas.
»Schließ auf«, sagt Mama zu Papa.
»Schließ du auf«, sagt Papa zu Mama.
Jetzt merken sie, daß niemand einen Schlüssel mitgenommen
hat. Sie können nicht in die Wohnung, sie sind ausgesperrt.
»Und das ausgerechnet zu Weihnachten«, jammert Mama.
Papa rüttelt an der Klinke. Dann geht er einige Schritte zu-
rück. »Macht Platz!« ruft er. Er will die Tür einrennen.
Aber Mama hält ihn fest, sie will nicht, daß es vielleicht Herr
Grasmann hört. Nun sitzen sie auf den Stufen und wissen
nicht, was sie tun sollen. Außerdem ist es kalt. Von Zeit zu
Zeit steht einer auf und drückt den Knopf vom Treppen-
licht, das immer wieder ausgeht.
Unten klappt eine Tür. Das ist Herr Grasmann, der seinen
Hund ausführen will. Der Hund wittert sie und beginnt zu
knurren.

»Ist dort jemand?« ruft Herr Grasmann nach oben.

»Ja, wir«, sagt Mama kläglich.

»Na, na«, sagt Herr Grasmann, »feiert man neuerdings Weihnachten im Treppenhaus?«

Er kommt die Treppe hoch. Papa berichtet, was geschehen ist.

»So was«, sagt Herr Grasmann, »dagegen werden wir gleich etwas unternehmen.« Er geht nach unten in seine Wohnung.

Papa, Mama, Hannes und Jonas sitzen auf der Treppe, vor ihnen hockt der große Hund und knurrt sie an. Sie warten.

Zum Glück kommt Herr Grasmann bald wieder. Er bringt einen großen Ring mit vielen Schlüsseln.

»Einer davon paßt bestimmt«, sagt er.

»Das hat keinen Zweck«, sagt Papa, »unser Schlüssel steckt nämlich innen!«

Herr Grasmann kratzt sich am Kopf.

»Das macht die Sache schwieriger«, meint er, »jedoch keinesfalls aussichtslos.«

Wieder geht er nach unten, sie hören, daß er diesmal in den Keller steigt. Sein Hund bleibt zurück.

Herr Grasmann kommt und bringt ein Stück festen Draht.

»Paßt genau auf, was ich jetzt mache«, sagt er zu Hannes und Jonas, »wer das kann, wird jederzeit ein tüchtiger Einbrecher!«

»Aber Herr Grasmann«, sagt Mama, und er lacht. Sie haben noch nie gesehen, daß Herr Grasmann lachen kann.

Er biegt den Draht zu einem Haken, steckt ihn in das Schlüsselloch, dreht und wendet ihn darin, stochert etwas,

74

und nach kurzer Zeit poltert innen etwas auf den Boden. Nun versucht er nacheinander alle Schlüssel, die an dem großen Ring hängen. Der dreiunddreißigste paßt: Herr Grasmann schließt die Tür auf.

»Wie sollen wir Ihnen danken«, sagt Papa.

»Machen Sie uns die Freude, und feiern Sie mit uns Weihnachten«, sagt Mama.

Hannes und Jonas rufen: »Ja, bitte!«

Herr Grasmann antwortet: »Von mir aus gern, aber mein Hund mag nun mal nicht unter Menschen. Ich muß mich leider nach ihm richten.« Und er geht mit seinem Hund auf die Straße.

Hannes sagt: »Der Hund ist gar nicht so, ich habe ihn die ganze Zeit gestreichelt.«

Die Geschichte vom Wunschzettel

Wolfgang und Susanne schrieben auf ihren Wunschzettel dies und das, aber einen Wunsch unterstrichen sie dick mit dem roten Filzstift:

»Wir möchten einmal so lange aufbleiben, wie wir wollen.«

»Warum nicht«, meinten Papa und Mama.

Sie feierten miteinander das Weihnachtsfest, es gab viele Geschenke, sie hatten etwas Gutes zu essen, und als es Zeit war, sagten Papa und Mama: »Wir sind nun müde und gehen ins Bett. Gute Nacht.«

»Das ist recht«, sagte Susanne, »und vergeßt nicht, euch die Zähne zu putzen.«

»Und lest nicht noch!« rief Wolfgang hinterher.

»Dazu sind wir viel zu müde«, meinte Mama und gähnte.

Als Wolfgang und Susanne allein waren, hopsten sie in die Sessel und streckten die Beine aus. Dann aßen sie viel Marzipan. Susanne fand, sie sollten die Eltern noch zudecken und ihnen einen Gutenachtkuß geben. Das taten sie, und Mama und Papa ließen es sich gern gefallen.

Dann gingen Wolfgang und Susanne wieder in das Wohnzimmer zurück und stellten den Fernseher an. Ein Chor sang endlose Weihnachtslieder, das war langweilig. Im anderen Programm kamen Nachrichten und die Wetterlage.

»Warum gibt es keine Kinderstunde?« fragte Susanne.

»Na, überleg mal«, sagte Wolfgang, »weil alle Kinder jetzt im Bett liegen.«

Das befriedigte sie sehr.

Sie schalteten den Fernseher wieder aus und gingen in die Küche. Im Kühlschrank waren eine Menge guter Sachen, aber sie hatten keinen Hunger. Sie tranken nur etwas Sprudel, dann gingen sie ins Zimmer zurück. Sie saßen wieder in den Sesseln.

»Klasse, wenn man so lange aufbleiben kann«, sagte Wolfgang. Susanne nickte und gähnte.

Sie hatten Bücher bekommen, die lasen sie jetzt und aßen noch mehr Marzipan. Susanne holte den Sprudel aus der Küche, und weil sie die Gläser vergessen hatte, tranken sie gleich aus der Flasche. Wolfgang lief der Sprudel in den Pullover, das war kalt und klebrig. Er zog sich aus und probierte Papas neuen Schlafanzug an. Das fand Susanne komisch. Mama hatte einen Unterrock bekommen, den zog sie über.

»Huch, wir sind Gespenster«, flüsterten sie. Sie steckten die Köpfe durch die Schlafzimmertür, aber Papa und Mama schliefen fest, da zogen Wolfgang und Susanne wieder ab.

Sie versuchten es noch einmal mit dem Fernseher. Auf allen Programmen rauschte und flimmerte es.

»Der ist kaputt«, sagte Susanne.

»Ach was, die Sendungen sind aus«, antwortete Wolfgang. »Jetzt sind die Erwachsenen auch alle im Bett, für wen sollen sie da noch spielen?«

»Zum Beispiel für uns!« entgegnete Susanne. Sie saß kerzengrade im Sessel.

Wolfgang schaltete wieder aus. Es war ganz still.

Einmal knackte der Schrank.

Das Licht war sehr hell.

»Wie lange wollen wir eigentlich noch aufbleiben?« fragte Susanne.

»Bis zum Morgen«, sagte Wolfgang.

Ihre Augen brannten so merkwürdig, darum knipste er die Lampe aus. Er trat gegen die Sprudelflasche und taumelte gegen Susannes Sessel. Sie zog ihn an den Haaren, und das tat ihm weh. Da kniff er sie in den Arm.

Susanne rannte vor Wolfgang davon und versteckte sich in ihrem Bett. Wolfgang war schnell unter seine Decke gekrochen, daß Susanne ihn nicht finden konnte.

Sie schliefen bis zum nächsten Nachmittag.

Als sie aufwachten, war es draußen schon wieder dunkel. Papa und Mama waren längst aufgestanden. Sie hatten gefrühstückt, waren spazierengegangen, hatten Besuch gehabt, etwas ferngesehen und gefaulenzt.

Der erste Weihnachtstag war vorbei.

Die Puppengeschichte

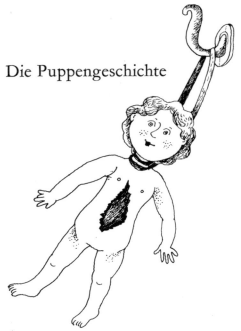

Es gibt Puppen, die können sitzen und laufen, lachen, weinen und sprechen, sie haben Schlafaugen und Haare zum Kämmen, und man kann sie sogar füttern.
Solch eine Puppe wünschte sich Jens zu Weihnachten.
Abgesehen davon, daß Großmama es merkwürdig fand, wenn ein Junge mit einer Puppe spielen wollte – abgesehen davon also meinte sie, diese Puppen seien viel zu teuer und eine einfache täte es ebensogut.
Jens bekam eine Puppe von ihr, die zwar nicht laufen, lachen, weinen oder sprechen konnte, die auch keine Schlafaugen und keine Haare zum Kämmen hatte, die aber recht groß war und niedlich aussah. Sie hatte im Mund ein kleines Loch, in das man einen Puppenschnuller stecken konnte, und sie war weich und leicht.
Jens war zufrieden und nannte die Puppe Manuela.
Er baute ihr aus Schachteln ein Haus, machte ihr aus Kissen

ein Bett, setzte sie neben sich an den Mittagstisch und ließ
sie in der Badewanne schwimmen, denn Manuela war aus
Plastik.

Am zweiten Feiertag kamen Tante Helga und Kathi zu Besuch.

Kathi brachte ihre neue Puppe mit, die hieß Olivia. Vielmehr,
heute hieß sie Olivia, gestern hatte sie Annaluise geheißen,
und morgen würde sie wieder einen anderen Namen haben.
Kathi konnte sich noch nicht endgültig entscheiden, jedoch
der Name Manuela gefiel ihr auch. So konnte Olivia vielleicht nächste Woche heißen.

Kathis Puppe konnte sitzen und laufen, weinen und lachen,
auf dem Rücken hatte sie eine Klappe, in die man winzige
Kassetten stecken mußte, dann sagte sie: »Mutti, hab mich
lieb, ich habe Hunger, ich bin müde.«

Kathi konnte Olivia auch füttern, dazu hatte sie eine kleine
Milchflasche, aus der trank Olivia. Nach einer Weile wik-
kelte ihr Kathi die Windeln auseinander, denn Olivia hatte
sich naß gemacht, das kam von der Milch. Kathi wischte sie
mit Zellstoff ab, legte sie trocken und wickelte sie neu.
Dann kämmte sie ihr eine andere Frisur, und Olivia klappte
mit den Augendeckeln. Inzwischen lief in ihrem Rücken eine
Kassette, auf der sie vor Vergnügen krähte und lachte.

Kathi gab mit Olivia ziemlich an, und Jens fand seine Puppe
plötzlich langweilig.

»Natürlich kommt sie gegen Olivia nicht auf«, sagte Kathi
großzügig, »aber man kann mit Manuela mehr anfangen,
als du denkst. Wenn sie zum Beispiel keinen Schnuller im
Mund hätte, könnte sie aus Olivias Flasche trinken.«

Sie liefen in der Küche an den Kühlschrank und füllten die

Flasche neu mit Milch. Manuela konnte beträchtlich mehr trinken als Olivia. Sie schluckte und schluckte, daß Jens staunte, wieviel sie brauchten. Endlich kam die Milch oben aus dem kleinen Loch im Mund wieder heraus, wenn Kathi der Puppe noch mehr geben wollte. Als Jens auf den Plastikbauch drückte, spuckte Manuela sogar. Kathi gab zu, daß selbst Olivia nicht spucken konnte. Jens war stolz auf seine Puppe. Er trug sie in ihr Schachtelhaus und legte sie schlafen. Manuela war sehr schwer geworden und sicher auch sehr müde.

Nach einigen Tagen behauptete Großmama, in der Wohnung sei ein merkwürdig säuerlicher Geruch. Sie hatte schon immer eine empfindsame Nase gehabt. Als es nicht besser wurde, suchte sie im Zimmer von Jens nach alten Broten. Er aß manchmal bei Tisch nicht auf, nahm sich etwas in sein Zimmer mit und vergaß es dann. Letzthin hatte es Käsebrote gegeben.

Doch Großmama fand nichts. Der Geruch wurde schlimmer. Großmama trug einen dicken Schal, weil sie oft das Fenster aufriß, um zu lüften.

Der Postbote, der gern witzig sein wollte, steckte seinen Kopf durch die Tür und fragte: »Halten Sie hier eine Kuh?«

Das war Großmama peinlich, denn sie war stets sauber und ordentlich und hatte es gern, wenn die Leute das merkten. Sie ließ jetzt ständig die Fenster offen, und alle Gardinen wehten im Wind. Jens mußte zum Essen seinen Anorak anbehalten, denn Großmama wollte nicht, daß er sich erkältete.

Drei Tage später bekam Großmama nachmittags Kaffee-

besuch von zwei alten Freundinnen. Natürlich machte sie
jetzt die Fenster zu, aber sie stellte unter die Möbel und hinter die Vorhänge Schüsseln mit Wasser, in das sie Zitronen-
scheiben legte. Trotzdem beobachtete sie, wie sich die
Freundinnen ansahen und dabei schnüffelten.

»Komm her, Jens«, rief sie, um die Freundinnen abzu-
lenken, »komm, und zeig uns deine neue Puppe!«

»Ein Junge, der mit Puppen spielt?« rief die eine Freundin
belustigt.

»Und warum bitte nicht?« fragte Großmama erbost.

Die andere Freundin nahm Jens die Puppe ab und setzte
sie sich auf den Schoß. »Wie schwer die Puppen heutzutage
sind, man kann sie kaum tragen«, sagte sie.

»Sie sind leichter als zu unserer Zeit«, sagte Großmama,
»diese hier wiegt kaum etwas, sie ist aus Plastik, ich habe sie
selbst ausgesucht.«

Die Freundin erwiderte: »Dieses Plastikzeug stinkt fürchter-
lich. Es muß eine neuartige Mischung sein, die so schwer
wie ein Stein ist.«

Großmama bekam eine laute Stimme, als sie sagte: »Seit
vierzig Jahren weißt du alles besser.« Sie nahm ihr die
Puppe vom Schoß – und ließ sie fast fallen.

»Warum ist sie so schwer?« rief sie.

»Sie hat soviel getrunken«, sagte Jens.

»Und warum stinkt sie so?« fragte sie weiter.

»Sie stinkt nicht«, sagte Jens.

»Schaff sie weg, darüber sprechen wir später!« rief Großmama. Und sie fragte die Freundinnen, ob noch jemand
Kaffee wollte. Die Freundinnen behaupteten, von der Luft
hier seien sie etwas benommen und müßten nun gehen.

82

Das war Großmama ganz recht, denn sie wollte sich Manuela genau ansehen. Jens fand, daß sie sich anstellte, als sie dabei ihre Nase zuhielt. Er sagte, Manuela habe Milch aus Kathis Flasche bekommen und nun ginge sie beim Schwimmen immer unter.

»Mir geht ein Licht auf«, stöhnte Großmama, »sie ist voll Milch gepumpt, an die keine Luft kommt. Die Milch ist erst sauer geworden, dann zu Quark und jetzt zu Käse. In diesem Plastikbauch riecht alles ganz besonders scheußlich.«

Sie trug Manuela nach draußen. Jens rannte hinterher und fragte: »Was machst du mit ihr?«

»Ich werfe sie unten in die Mülltonne«, sagte Großmama. Jens brüllte und klammerte sich an sie, daß sie nicht die Treppe hinunterkam. Im Haus klappten Türen.

»Mach hier keinen Skandal«, sagte Großmama. Sie ging mit Manuela in die Wohnung zurück. Jens sprang an ihr hoch und wollte ihr die Puppe wegreißen.

»Laß das«, wehrte sich Großmama, »es ist nichts mehr mit ihr zu machen, sie muß weg. Und hör bitte mit diesem Gebrüll auf. Du bekommst eine neue Puppe. Meinetwegen eine, die singen und hopsen kann.«

Aber Jens wollte nur Manuela. Er war so unglücklich.

Das sah Großmama endlich ein: »Dann werden wir sie operieren. Hoffentlich übersteht sie es!«

Sie machte das Fenster weit auf und legte eine Wachstuchdecke auf den Küchentisch. Darauf kam Manuela. Großmama schnitt ihr erst mit dem Kartoffelmesser und dann mit der Küchenschere den Bauch auf. Nun fand auch Jens, daß sie nicht besonders gut roch. Großmama lehnte sich eine Weile aus dem Fenster. Dann hielt sie Manuela wie einen Fisch unter die Wasserleitung und spülte alles aus dem Bauch in den Ausguß. Sie brauchte viel heißes Seifenwasser, um sie wieder und wieder innen gründlich auszuwaschen. Zwischendurch schnupperte sie an ihr und schüttelte den Kopf. Manuela roch immer noch.

»Sie muß noch einige Tage lüften«, entschied Großmama.

Sie band um den einen Fuß der Puppe einen Bindfaden und hing sie draußen an das Fensterkreuz. Es sah traurig aus, wie Manuela, federleicht und mit offenem Bauch, im Wind schaukelte.

Großmama sagte: »Später bekommt sie einen Verband aus Klebestreifen. Wenn sie etwas anhat, sieht man gar nichts.«

Jens war froh und dachte, daß Olivia mit den Lockenhaaren und der Kassette im Rücken das alles nicht überstanden hätte.

Er lief nach unten auf den Hof zu den anderen Kindern. Dieter hatte gerade entdeckt, was da am Fensterkreuz hing. Er hüpfte herum und schrie: »Jens hat endlich genug von der Puppe, er hat sie geschlachtet, es gibt Puppenbraten.«

Manchmal verstand Jens keinen Spaß. Dieter zog heulend ab.

Die Geschichte vom neuen Haus

Ein Haus zu bauen dauert lange und kostet Nerven. Immer noch fehlt etwas, geht etwas schief, wird etwas nicht fertig.

Frau Winkelmeier sagt zu ihrem Mann: »Du mußt die Handwerker antreiben, daß sie schneller arbeiten. Weihnachten wollen wir im neuen Haus wohnen, länger machen wir das nicht mehr mit.«

Herr Winkelmeier geht auf den Bau und sagt zu den Handwerkern: »Meine Frau möchte Weihnachten unbedingt im neuen Haus wohnen, länger kann sie das auf keinen Fall mitmachen.« Er spendiert einen Kasten Bier, die Handwerker bedanken sich, und tatsächlich, drei Tage vor Weihnachten sind sie fertig und ziehen ab.

Handwerker hinterlassen Schmutz an allen Ecken. Das Haus muß geputzt, geschrubbt und gefegt werden. Aber wenn alle helfen, ist das in einem Tag getan.

Zwei Tage vor Weihnachten kommt der Möbelwagen, und Winkelmeiers ziehen ein. Es gibt ein riesengroßes Durcheinander. In der Küche stehen die Betten, im Keller die Blattpflanzen, unterm Dach die neue Waschmaschine, und draußen im Regen stehen die Polstermöbel. Frau Winkelmeier verzweifelt nicht. Sie ordnet an, wohin alles gerückt werden soll, und bald steht jedes Stück da, wo es hingehört.

Frau Winkelmeier packt Körbe, Säcke und Kisten aus. Zu den Kindern sagt sie: »Werft Papier und Pappe draußen auf einen Haufen.« Auch Herr Winkelmeier räumt und wirft weg. Auf dem Grundstück entsteht ein hoher Berg aus Holzwolle, Schachteln, Brettern und anderen Abfällen. Alles, was im neuen Haus nicht mehr schön genug ist, kommt dorthin.

Am Abend wirft Herr Winkelmeier ein Streichholz hinein, das gibt ein riesiges Feuer, in dem die Kinder noch lange mit Ästen stochern.

Einen Tag vor Weihnachten sind alle Schränke und Schubladen eingeräumt, sogar die Gardinen hängen.

»Auch ich bin fix und fertig!« sagt Frau Winkelmeier.

Am Weihnachtstag schlafen alle lange aus. Sie frühstücken fast bis Mittag.

»Wie ich das genieße!« sagt Frau Winkelmeier.

Die Kinder rufen: »Haben wir schon einen Weihnachtsbaum?«

Daran hat niemand gedacht.

Alle stürzen zum Auto. Es dauert ziemlich lange, bis sie in der Stadt sind, denn das neue Haus liegt abseits auf dem Lande. Herr Winkelmeier findet keinen Parkplatz und muß das Auto weit entfernt in einer Gasse abstellen. Inzwischen haben die Läden geschlossen.

Der Stand mit den Weihnachtsbäumen ist leer und verlassen.

Sie machen dumme Gesichter. Die Kinder maulen: »Ohne Baum ist das kein richtiges Weihnachten.«

Betreten kehren sie um und fahren zurück.

Als sie aussteigen, sehen sie an der Haustür eine kleine Tanne stehen. Daran hängt ein Zettel:

»Viel Glück im neuen Haus,
statt Blumentopf
von den Nachbarn.«

Die Kinder hüpfen, Herr Winkelmeier trägt das Bäumchen ins Haus, und Frau Winkelmeier ruft: »Ich suche gleich den Christbaumschmuck.« Sie läuft nach oben.

Herr Winkelmeier stellt den Baum auf. Dann warten sie.

Frau Winkelmeier kommt nicht wieder.

Sie rufen, aber Frau Winkelmeier antwortet nicht.

88

Herr Winkelmeier und die Kinder laufen die Treppe hinauf, Frau Winkelmeier sitzt auf dem Teppich. Alle Schubladen sind zerwühlt, alle Schränke stehen offen, es ist eine große Unordnung.

»Wenn das eine Unglück vorbei ist, kommt sogleich das nächste«, sagt sie. »Wir haben aus Versehen die Schachtel mit dem Christbaumschmuck verbrannt.«

Sie sagt, ihre Nerven brauchen jetzt eine Weile Ruhe. Herr Winkelmeier ist ganz still, denn das ist für seine Nerven stets das beste.

Die Kinder wispern in der Ecke, dann sagen sie, die Eltern sollen etwas schlafen, sie machen das schon. Sie laufen nach unten, und Herr und Frau Winkelmeier können hören, wie sie hin und her flitzen.

Nachdem Herr und Frau Winkelmeier ausgeruht haben, finden sie unten den hübschesten Baum, den sie je hatten.

Er hat Ketten aus Büroklammern und Sicherheitsnadeln.

In seinen Zweigen hängen der Schmuck von Frau Winkelmeier und alle Kaffeelöffel.

An seiner Spitze blinkt der neue Hausschlüssel.

Die vertauschte Geschichte

Vor einigen Jahren hat bei Herrn und Frau Schmidt ein Student gewohnt, der hatte es gut bei ihnen wie ein Sohn. Eigene Kinder hatten sie nicht, obwohl sie gern welche gehabt hätten. Das kleine Zimmer sollte das Kinderzimmer sein. Doch sie waren allein alt geworden, und im kleinen

Zimmer hatte der Student gewohnt. Er hatte morgens mit Frau Schmidt gefrühstückt und sich abends mit Herrn Schmidt unterhalten. Frau Schmidt hatte seine Leibgerichte gekocht, und Herr Schmidt hatte seine Schuhe besohlt, und weil er nie genug Geld hatte, drückten Herr und Frau Schmidt bei der Miete ein Auge zu.

Später, nachdem er fertigstudiert hatte, war er fortgezogen, aber vorher hatte er noch geheiratet. Er hatte nun eine gute Stellung weit entfernt von hier.

Herr und Frau Schmidt sind jetzt ein wenig einsam. Sie sprechen oft von der schönen Zeit mit ihrem Studenten und warten jeden Tag auf eine Nachricht von ihm. Er kommt wenig zum Schreiben. Hin und wieder schickt er eine Ansichtskarte, wenn er beruflich unterwegs ist. Und natürlich teilt er mit, wenn ein neues Baby angekommen ist. Aber lange Briefe schreibt er nicht, und gerade darüber würden sich Herr und Frau Schmidt besonders freuen.

Etwas jedoch trifft regelmäßig und pünktlich ein: das ist das große Weihnachtspaket. Herr Schmidt holt es persönlich drei Tage vor Weihnachten von der Post ab. Es wird nicht vor dem Heiligen Abend aufgemacht. Frau Schmidt stellt eine Kerze in das Küchenfenster, und Herr Schmidt nimmt die große Schere. Frau Schmidt schiebt ihn beiseite, denn sie mag das Band nicht zerschneiden, sondern knotet es sorgfältig auf. Herr Schmidt sitzt daneben und platzt vor Ungeduld. In dem Paket ist jedes Jahr etwas zum Anziehen für Herrn Schmidt und etwas für Frau Schmidt. Außerdem sind die guten Zigarren eingepackt, die Herr Schmidt an Feiertagen raucht, und die besonderen Pralinen, für die Frau Schmidt schwärmt. Sie probieren die neuen Sachen an und freuen sich, daß alles gut paßt. Herr Schmidt steckt sich eine der Zigarren an, und Frau Schmidt nascht einige Pralinen. Sie verbringen den Abend zufrieden und voller Erinnerungen. So war es bisher.

In diesem Jahr ist alles ganz anders. Sie wundern sich über einen Pullover, der für Herrn Schmidt sein soll; er ist klein und eng, und vergeblich versucht Herr Schmidt, ihn über seinen Kopf zu zerren. Sein Bauch paßt nie und nimmer in diesen Pullover.

»Wir wollen nicht undankbar sein«, sagt Frau Schmidt, »aber ein wenig hätte er bei der Farbwahl an dein Alter denken müssen. Du kannst doch diese gelben und roten Streifen nicht tragen!«

Die gefallen Herrn Schmidt eigentlich ganz gut, jedenfalls besser als die grauen und braunen Töne, in denen ihn Frau Schmidt sehen möchte.

Die hat inzwischen ein Nachthemd ausgepackt, das zart, dünn und duftig ist. Herr Schmidt schnalzt, aber sie sagt: »Völlig unmöglich! Es geht nicht einmal bis zum Knie, und das bei meinem Rheuma. Wenn mich der Arzt so sieht, werde ich rot.«

Im Paket sind auch nicht die Lieblingszigarren, sondern eine große Schachtel Zigaretten, und Frau Schmidt findet nicht ihre Pralinen, dafür entdeckt sie Kaugummi.

Der Weihnachtsabend ist lange nicht so schön wie sonst. Zwar hat Herr Schmidt noch einige seiner Alltagstumpen, von denen er sich einen ansteckt, und Frau Schmidt findet ein paar Bonbons, die sie lutscht, aber sie grübeln beide vor sich hin.

»Höchst seltsam«, sagt Herr Schmidt, »er beginnt uns zu

vergessen. Das heißt, er vergißt uns nicht ganz, sonst hätte er nicht das Paket geschickt. Aber er vergißt, wie alt wir sind, wie wir aussehen und was wir gern haben. Das macht mich traurig.«

Ganz so einfach sieht Frau Schmidt die Sache nicht. Sie überlegt, aber sie kommt nicht dahinter, was ihr an diesem Paket merkwürdig erscheint. Sonst liest sie im Bett Kriminalromane, aber jetzt muß sie weiter überlegen. Nichts stimmt an diesem Paket. Es ist wie für andere Leute gepackt. Ja, vielleicht ist es gar nicht für sie. Aber für wen dann? Und wenn sie nun das falsche Paket – das heißt, wenn sie ein Paket haben, das für jemand anderen ist, hat derjenige vielleicht das bekommen, welches für sie bestimmt war. Und irgend jemand steckt sich vielleicht in dieser Minute die köstlichen Pralinen in den Mund!

Frau Schmidt rüttelt Herrn Schmidt wach, sie muß jetzt und sofort mit ihm darüber reden. Aber er will weiterschlafen und nicht mitten in der Nacht über etwas nachdenken, was er nicht weiß.

»Typisch«, sagt Frau Schmidt und geht in die Küche.

Sie setzt ihre Brille auf, denn ohne Brille kann sie nicht lesen, und sieht auf dem Packpapier, daß die Adresse stimmt. Klar, sonst hätten sie das Paket ja auf der Post nicht bekommen. Sie durchsucht den Karton, aber außer buntem Einwickelpapier findet sie nichts. Dann dreht und wendet sie ihn und entdeckt an einer Seite einen Namen und eine Straße, hier in dieser Stadt. Fast hätte sich Frau Schmidt den Mantel über das Nachthemd geworfen, um sofort dorthin zu eilen. Aber sie besinnt sich, daß es drei Uhr nachts ist, und legt sich bis sechs neben Herrn Schmidt ins Bett. Sie wartet mit offenen Augen drei Stunden, dann steht sie auf, macht Kaffee und weckt Herrn Schmidt. Um ein Haar hätte es Streit gegeben, denn er schläft gern aus, besonders an den Feiertagen. Jetzt kommt er nicht einmal dazu, in Ruhe seinen Kaffee zu trinken. Atemlos erzählt ihm Frau Schmidt, was sie in der Nacht entdeckt hat.

Sie hat das Paket wieder gepackt, gut verschnürt und steht in Hut und Mantel neben ihm. Sie möchte verzweifeln, so langsam zieht sich Herr Schmidt die Stiefel an. Sie möchte ihn schieben, so gemächlich geht er die Treppe hinunter. Sie möchte ihn ziehen, so schleicht er die Straße entlang.

Um diese Zeit kommt die Straßenbahn nur alle halben Stunden. Sie müssen lange warten. Dann sind sie die einzigen Fahrgäste und fahren von einer Endhaltestelle durch die ganze Stadt bis zu der anderen. Die Straßenbahn hält überall, obwohl niemand einsteigen will. Frau Schmidt rutscht auf ihrem Sitz hin und her, Herr Schmidt sitzt ganz still mit dem Paket auf den Knien.

Sie haben noch ein ganzes Stück zu laufen. Zweimal wissen sie die Richtung nicht mehr und müssen Kinder fragen, die auf der Straße spielen. Endlich stehen sie vor dem richtigen Haus, und Frau Schmidt klingelt.

Eine junge Frau öffnet, ein kleiner Junge springt herbei.

»Es ist so«, sagt Frau Schmidt, »wir haben hier ein Paket bekommen, das vermutlich Ihnen gehören soll, und wir nehmen an, daß Sie eines haben, welches für uns bestimmt ist. Wir möchten das gern austauschen, damit jeder das bekommt, was ihm zusteht.«

Herr Schmidt findet, daß Frau Schmidt etwas streng ge-

sprochen hat, und fragt den Jungen freundlich: »Wie heißt
du?«

»Robert«, sagt der Junge, »und Sie?«

»Schmidt«, sagt Herr Schmidt.

Die junge Frau meint, sie sollten erst einmal hereinkommen,
sich ausruhen und eine Tasse Tee trinken. Auch sie habe ein
merkwürdiges Paket. Darin sei ein Pullover, der dem Robert
bis auf die Schuhe reicht, dunkelgrün, und für sie eine
schwarzweiße Kittelschürze, in die ginge sie dreimal
hinein.

»Zweimal«, sagt Frau Schmidt.

Ja, und dann seien noch Zigarren in dem Paket, doch sie
rauche nur Zigaretten. Ob Herr Schmidt eine davon haben
wolle?

»Moment, nichts anrühren«, sagt Frau Schmidt, »erst wollen
wir alles aufklären!«

»Meine Frau liest immer Kriminalromane«, sagt Herr
Schmidt zu der jungen Frau. Und sie antwortet: »Ich auch!«

Nun stellt sich heraus, daß sie das Paket von ihrer Schwester
hat. Die heißt genauso wie der Student, der bei Herrn und
Frau Schmidt gewohnt hat, denn es ist dessen Frau. Der
Student war schon immer schußlig, sicher hat er alles beim
Einpacken verwechselt. Die junge Frau bekommt das
duftige Nachthemd und die Zigaretten, Herr Schmidt den
großen dunkelgrünen Pullover sowie die Zigarren und
Frau Schmidt die Kittelschürze samt Pralinen. Für Robert ist
der rot und gelb gestreifte Pullover und der Kaugummi.

Jetzt stimmt alles.

Sie trinken miteinander Tee und schreiben einen langen
Brief, in dem sie alles genau berichten, der geht an den

95

ehemaligen Studenten und an seine Frau. Robert malt dazu eine Bildergeschichte. Er verschluckt sich am Kaugummi. Frau Schmidt reicht die Pralinen herum, und die beiden anderen rauchen.
Robert und die junge Frau begleiten Herrn und Frau Schmidt zur Straßenbahn, alle winken, bis sie sich nicht mehr sehen.
Herr und Frau Schmidt werden bald Besuch bekommen.
So wie Robert hat sich Herr Schmidt immer einen Enkel vorgestellt.

Die Geschichte von Elsie

Nur ein einziges Mal versuchte Elsie, genauso Pipi zu machen wie ihre fünf Brüder, und gleich ging das schief.
Am Weihnachtsnachmittag hatte Mutter den alten Badeofen angeheizt. Sie hatte angeordnet, daß zuerst Jörg und Uli,

die beiden Großen, baden sollten, danach Tin, Veit und Stefan zusammen, schließlich Elsie allein. Tin hatte gewettet, daß alle sechs in die Badewanne passen. Veit hatte gesagt, das ginge nicht. Sie hatten es probiert, und es ging, wenn sie kreuz und quer übereinanderlagen und die Beine über den Rand hingen. Es platschte mächtig, fast alles Wasser aus der Wanne schwamm auf dem Fußboden, aber es machte tollen Spaß. Mutter hämmerte gegen die Tür und rief, sie sollten sich beeilen, Vater hätte Durst auf Tee. Und dann wollten sie bald mit der Bescherung anfangen, denn die dauert bei sechs Kindern immer recht lange.

Sie entknoteten und entwirrten sich, trockneten sich ab, und dann rannten alle schnell den Gang entlang noch einmal auf das Klo. Jörg stellte sich auf den Brillenrand, und das machten ihm alle nach. Alle, nur Elsie nicht.

»Du bist eben ein Weib«, sagte Tin.

»Sie hat Angst, daß sie umkippt«, rief Stefan.

»Du traust dich nicht«, rief Veit.

Ein Mädchen, das fünf Brüder hat, traut sich allerlei. Elsie kletterte nackt und naß auf den Rand und stellte sich genauso hin wie die Buben.

»Guckt weg, sonst geht es nicht«, sagte sie, und alle mußten lachen. Da rutschte Elsie aus und fuhr mit beiden Beinen in die Kloschüssel. Erst mußten sie noch mehr lachen, aber weil Elsie etwas jammerte, griffen sie zu und wollten ihr hinaushelfen.

Nun war das kein gewöhnliches Klo, alles in diesem Haus war uralt. Die Kloschüssel war wie ein Trichter, der an der Hausmauer draußen in ein Rohr überging. Das endete unten über einer Grube. Es gab auch keine Wasserspülung,

97

sondern nur eine Kanne, aus der man das Wasser kippen mußte.

Elsie steckte bis zu den Hüften in diesem Trichter. Jörg, der schon groß und kräftig war, griff Elsie unter die Schultern und zog. Aber sie steckte so fest, daß er sie nicht einen Zentimeter hochbekam. Stefan, der Kleinste, lief durch das Haus und brüllte: »Die Elsie ist ins Klo gerutscht!«

Mutter kam aus dem warmen Zimmer auf den Gang und fuhr ihn an: »Du bist immer noch nicht angezogen, beeil dich gefälligst.«

»Die anderen sind auch noch nicht fertig, Elsie schon gar nicht«, verteidigte sich Stefan. Mutter rannte, um alle zu suchen. Und da sah sie Elsie.

»Das darf doch nicht wahr sein!« rief sie. Sie wollte Elsie an den Händen herausziehen. Elsie rührte sich nicht, sie begann nur zu schreien.

»Die muß immer da drinbleiben«, sagte Stefan.

Mutter bestimmte, Uli und Jörg sollten Pullover oder sonst was Warmes holen, Elsie hatte ja nichts an. Dann sollten sie sich schleunigst anziehen, denn gleich sei Bescherung.

Vater saß seit einiger Zeit am gedeckten Tisch und wartete. Als es ihm zu dumm wurde, stand er auf und suchte in allen Räumen und Gängen:

»Hallo, wo steckt ihr?«

»Elsie steckt im Klo«, sagte Stefan, der an ihm vorbeilief und seine Schuhe suchte.

Vater fand Mutter, wie sie Elsie einen dicken Schal um den Hals wickelte und ihr über den zweiten noch einen dritten Pullover zog. Elsie wimmerte: »Mir ist kalt, ich friere.«

»Dann komm raus da«, sagte Vater.

98

»Sie kann nicht«, erwiderte Mutter. Sie setzte Elsie eine Wollmütze auf.

»Reißt euch zusammen, wir wollen Tee trinken«, sagte Vater. Zu Elsie sagte er: »Mach dich ganz dünn«, dann packte er sie, um sie mit einem kräftigen Ruck nach oben zu ziehen. Doch Elsie steckte fest. Jetzt waren alle ratlos. Elsie tat ihnen leid. Sie klapperte mit den Zähnen, und manchmal winselte sie ganz leise. Mutter deckte eine Wolldecke über sie, jetzt sah man sie kaum noch.

»Oben ist mir viel zu warm, aber unten ist es kalt. Meine Beine sind aus Eis!«

»Meine Güte«, rief Mutter. Das Rohr an dem Trichter, in dem Elsie steckte, war unten offen. Draußen war scharfer Frost.

»Unternimm etwas«, beschwor sie Vater.

Vater versuchte den Klempner und dann den Autoschlosser zu erreichen, aber bei beiden meldete sich niemand. Sie hatten das Telefon in der Werkstatt und waren längst nach Hause gegangen.

Vater sagte zu Jörg: »Du gehst und holst den Klempner.« Und zu Uli: »Und du holst den Autoschlosser.«

Elsie schrie immer lauter. Vater sagte zu Mutter: »Gib ihr einen Schnaps, es ist eine Ausnahme«, aber das wollte Mutter nicht. Sie lief und brachte heiße Milch, an der sich Elsie die Zunge verbrannte. Nun heulte sie auch noch. Vater suchte nach dem Werkzeug. Er wollte die großen Schrauben abnehmen, die den Trichter am Rohr festhielten.

Stefan tröstete Elsie: »Vater schraubt dich ab, und wir tragen dich im Klo ins Zimmer. Dann können wir wenigstens endlich Weihnachten feiern.«

99

Das beruhigte Elsie keinesfalls, und Mutter fuhr Stefan an:
»Rede keinen Blödsinn!«

Plötzlich zappelte Elsie, so gut sie das konnte, und rief:
»Au, mir ist so heiß von unten, ich glaube, ich verbrenne!«

»Jetzt phantasiert sie schon«, rief Mutter.

Aber das tat Elsie nicht.

Tin und Veit waren in den Garten gelaufen. Sie wollten
Elsie helfen. Sie hatten ein Blech auf die Grube gelegt, über
der das Rohr endete. Auf dem Blech hatten sie ein Reisig-
feuer entzündet, und der heiße Qualm zog durch das Rohr
hoch.

Vater hatte gerade den richtigen Schraubenschlüssel gefunden, als er den Feuerschein sah.

»Seid ihr von Sinnen!« rief er durch das Fenster. Er rannte
nach unten, trampelte das Feuer aus und zerrte das Blech
von der Grube. Fast wäre Tin, der am Rand stand, hinein-
gestürzt. Vater erwischte ihn, dafür versank der Schraubenschlüssel.

Oben jammerten Mutter und Elsie: »Macht schnell, bitte,
bitte, macht schnell.«

Vater suchte noch einmal in seinem Werkzeug und ergriff
den größten Hammer, den er hatte.

»Platz«, rief er und holte aus.

Doch Mutter hing sich an seine Arme, weil sie Angst um
Elsie hatte. So schlug Vater nur ganz sacht auf das Becken,
und es bekam nicht einmal einen Sprung. Er versuchte es
noch ein paarmal, aber weil ihm Mutter immer im Wege
war, gab er es auf.

»Wo bleiben Jörg und Uli mit den Fachleuten?« rief er und
lief ungeduldig an das Telefon.

Mutter lief hinterher und sagte: »Du weißt genau, daß es keinen Zweck hat.«

Inzwischen nahm Stefan den Hammer und fragte Elsie: »Soll ich mal?«

Elsie kniff die Augen zu und flüsterte: »Es ist alles egal, schlag zu.«

Stefan war zwar der Kleinste, aber er hatte Kraft.

Das Becken zersprang, und Elsie kletterte heraus wie das Küken aus der Eierschale.

Alle waren mächtig stolz auf Stefan.

Das Wasser im Badeofen war noch heiß, und Elsie wurde wieder in die Wanne gesteckt. Sie jammerte etwas, weil die Füße kribbelten, aber als alle endlich um den Tisch saßen, war das bald vergessen. Mutter kam mit der Teekanne und schnitt Kuchen auf.

Um diese Zeit erschien Uli mit dem Autoschlosser, der hatte seinen Abschleppkran an den Kombi gehängt. Er wies darauf und sagte: »Wie ich die Lage verstanden habe, hilft nur noch Gewalt!«

Fast gleichzeitig erreichte Jörg mit dem Klempner das Haus. Sie schleppten zwei Werkzeugkisten, Schläuche und eine Preßluftflasche. Der Klempner schnaufte: »Es hilft nichts, das Rohr muß ganz von unten her aufgeschweißt werden.«

Es war Vater und Mutter sehr unangenehm, daß Stefan alles schon erledigt hatte, denn auch Handwerker möchten in Ruhe Weihnachten feiern und nicht umsonst geholt werden.

Natürlich, in einem Notfall kommen sie schnell.

Sonst aber brauchen sie viel länger.

Der Klempner brachte die neue Kloschüssel erst Ende März.

102

Die Briefgeschichte

Am Samstag ist Mama froh, daß Papa und Andreas fortgehen. Sie stören nur, wenn Mama den Haushalt macht und das Baby versorgt. Aber bitte, zum Mittagessen sollen sie pünktlich wieder da sein. Denn danach muß Andreas endlich den Weihnachtsbrief an die Großeltern schreiben.
»Ja, ja!« ruft Andreas zurück. Er hat keine Lust dazu.
Papa und Andreas fahren tanken; dann holen sie Mamas Mantel von der Reinigung ab und schlendern über den Markt. Schließlich will Andreas noch zum Trödler. Es macht ihm Spaß, dort mit Papa in dem alten Gerümpel herumzustöbern. Viele Dinge muß ihm Papa erklären; die meisten sind so alt, daß man sie nicht mehr braucht, weil man dafür etwas anderes hat. Zum Beispiel benutzt niemand mehr eine Öllampe, seit es das elektrische Licht gibt. Man rührt auch keine Butter mehr in einem Holzfaß, sondern kauft fertig abgepackte Stücke, die aus der Molkerei kommen. Wer mahlt noch den Kaffee mit der Hand, in so einer altmodischen Kaffeemühle? Jetzt steckt man einfach den Stecker in die Wand – und schon ist der Kaffee gemahlen. Andreas findet es spannend, wenn ihm Papa erzählt, wie es früher war.
Manchmal kaufen sie auch etwas beim Trödler. Einmal

haben sie eine Blechkanne mit nach Hause gebracht, in der man Wasser holte, als noch nicht in jeder Wohnung eine Wasserleitung war. Ein anderes Mal hat Papa einen seidenen Sonnenschirm gekauft, wie ihn früher die Damen trugen, um nicht von der Sonne verbrannt zu werden. Mama ruft zwar immer: »Wenn ihr beim Trödler wart, wascht euch bitte gründlich die Hände«, aber sie freut sich über alles. In die Kanne hat sie Gräser gesteckt. Und aus dem Schirm, sagt sie, macht sie vielleicht eine Lampe.

Papa und Andreas gehen durch eine Toreinfahrt auf einen Hof, wo mehrere Schuppen stehen. An den Schuppenwänden lehnt altes Gerümpel: Stühle mit drei Beinen, Tische ohne Platte, eiserne Bettgestelle, Rodelschlitten mit verrosteten Kufen, Mistgabeln, Wagenräder und wer weiß was noch. In den Schuppen hängen alte Kleider und Bilderrahmen, da stehen verschimmelte Stiefel, zerschlagenes Geschirr, irdene Töpfe und Uhren, die nie mehr gehen. In einer Ecke liegen Pelze auf einem Haufen.

Papa und Andreas kramen überall herum. Endlich kauft Papa einen kleinen, fleckigen Spiegel an einem Metallgestell.

»Das ist ein Spion«, erklärt er Andreas, »den haben die alten Frauen früher am Fensterrahmen gehabt, da konnten sie im Zimmer sitzen und heimlich alles beobachten, was auf der Gasse vor sich ging.«

»Er ist wie ein Autospiegel«, sagt Andreas.

»Ja, genauso«, sagt Papa. »Wir könnten den Spion an die Tür zum Kinderzimmer schrauben. Dann kann Mama nach dem Baby sehen, ohne extra aufzustehen.«

Auf der Straße sagt Andreas: »Ich habe auch etwas.«

104

»Einen Brief!« ruft Papa. »Woher hast du ihn?«
Andreas hat den Brief in einer alten Kommode entdeckt.
Er hat sogar den Trödler gefragt, ob er ihn haben darf,
und der hat es erlaubt. Aber Andreas kann den Brief nicht
lesen.
Papa sagt, so hätte man früher geschrieben, ein wenig könnte
er die Schrift noch, und gemeinsam mit Mama würde er ihn
entziffern können.
»Ich bin gespannt, was drinsteht!« ruft Andreas.
Nach dem Mittagessen will Mama zwar, daß Andreas zuerst
an die Großeltern schreibt. Aber Andreas bittet und drängelt
so lange, bis sich Papa und Mama hinsetzen und den alten
Brief entziffern:

Münster den 25. December 1842

Liebe guthe Emilie,
der Herr Vater hat gesagt, wir sollten uns sogleich für das
hübsche Geschenk bedanken, das der Postbothe uns von
Dir gebracht hat. Die feinen Zimmetsterne haben guth
gemundet, und über die Kittelchen, welche Du uns genähth
hast, haben wir uns gefreut, sie passen vorzüglich.
Du fragst, wie es uns geht. Es geht uns guth. Wir lernen
fleißig beim Herrn Moritz, der immer noch sein lahmes Bein
hat und am Stock humpelt; das ist unser Schade, denn
dieser gleitet oftmahls auf unserem Rücken aus. Der Herr
Vater meint jedoch, wir hätten es auch wohl verdient.
Liebe Emilie, wieviel schöner war es, als Du uns unterrichtet
hast. Wir wollten, Du kämst wieder und müßtest nicht die
vielen Kinder Deiner kranken Schwester hüten. Das Fräulein
Lucca, welches uns auf dem Claviere fortbildet, sagt, wir

106

machten guthe Fortschritte. Paulinchen und ich können bereits eine Sonate zu vier Händen.

Liebe guthe Emilie, mein Wunschzettel enthielt dieses Jahr ein Paar Holländer Schlittschuhe, eine Fibel und Zuckerzeug. Dies alles erhielt ich zu meiner Freude.

Paulinchen schrieb auf, daß sie sich einen Pelzumhang aus Fehhaar an erster Stelle und von ganzem Herzen wünsche, sodann aber auch noch glacélederne Handschuhe, eine Puppe mit Wachskopf, ein Album für gepreßte Blüthen, winziges Puppengeschirr aus Zinn und rosa Haarschleifen. Sie bekam jedoch nur den Pelzumhang, weil dies der Herzenswunsch war. Der Herr Vater meinte, jedes Kind bekäme für den gleichen Werth, und ihr Geschenk koste soviel wie meine Schlittschuhe, Fibel und Zuckerzeug zusammen.

Liebe Emilie, du kennst Paulinchen und ihre Unvernunfth! Sie weinte, weil sie nur ein Geschenk hätte und ich deren drei. So sah sie es an. Sie war schon immer dumm, die kleine Schwester, und es ist schwer, ihr etwas recht zu machen. Ich werde sie hie und da auf meinen Schlittschuhen laufen lassen, ihr aus der Fibel vorlesen und vom Zuckerzeug abgeben.

Wir gedenken alle Deiner sehr herzlich und vermissen Dich. Der Herr Vater und die Frau Mutter lassen grüßen. Erinnere Du Dich bisweilen Deiner Schüler

Paulinchen und Eugenchen,
der diesen Brief geschrieben hat

Mama sagt: »Das ist aber ein sehr alter Brief.«
»Sind Paulinchen und Eugenchen jetzt schon groß?« fragt Andreas.

Papa meint: »Sie sind längst gestorben, so lange ist das alles her. Vielleicht ist nichts mehr von ihnen da als dieser Weihnachtsbrief.«

Andreas sagt: »Wenn ich jetzt an die Großeltern schreibe, findet vielleicht einmal ein Kind meinen Brief beim Trödler.« Und er gibt sich damit besonders große Mühe.

Die Engelgeschichte

Mariechen war sechzig Jahre lang ein Engel.
Als sie noch ein Kind war, lernte sie schwer in der Schule. Darum sollte sie auch keine Rolle in dem Krippenspiel bekommen, das jedes Jahr zu Weihnachten von den Kindern der letzten Schulklasse aufgeführt wurde. Es war ein altes Spiel mit langen, schwierigen Versen. Die Hauptrollen konnten sich nur sehr gescheite Schüler merken. Doch eine

kleine Rolle bekam fast jeder, sei es als Hirte, Bauer, Soldat, Ochs oder Esel. Alle hatten einige Worte herzusagen. Nur Mariechen durfte nicht mitmachen, denn sie konnte beim besten Willen nichts behalten. Darüber war sie sehr unglücklich.

Endlich war es soweit, daß die Kostüme anprobiert wurden, die so alt wie das Krippenspiel waren. Sie wurden jedes Jahr, wenn es nötig war, geflickt und enger, weiter, länger oder kürzer gemacht. Die Hirten steckten in groben Kitteln, Maria hatte einen schönen Umhang und Joseph einen Schlapphut. Die Tiere trugen Köpfe aus Pappmaché und hüllten sich in richtiges Fell. Aber das Eindrucksvollste waren die Flügel, die der Engel bekam. Sie waren aus Gänsefedern und reichten vom Boden, den sie mit den Spitzen streiften, bis hoch über den Kopf hinaus. Sie wurden mit ledernen Riemen kreuzweise über der Brust festgeschnallt und waren sehr schwer.

In diesem Jahr spielte ein Kind den Engel, das genauso aussah, wie man sich einen Engel vorstellt: schmal und lang und mit wunderschönen blonden Haaren. Als es einen ganzen Nachmittag mit den Flügeln geprobt hatte, brach es in Tränen aus und sagte, es könnte mit diesen Dingern auf dem Rücken nicht so lange herumstehen, die Flügel seien ihm viel zu schwer. Es blieb nichts anderes übrig, als die schweren Federflügel in die Ecke zu stellen und statt ihrer dem Engel leichte Flügel aus Goldpapier zu kleben.

Als alle Kinder wieder auf der Bühne standen, schnallte sich Mariechen, die für ihr Alter groß und kräftig war, die verschmähten Flügel um. Ihr waren sie nicht zu schwer. Sie ging auf die Bühne, stellte sich hinter den Goldpapierengel und lächelte glücklich, mit einem feuerroten Gesicht. Und niemand brachte es übers Herz, Mariechen zu vertreiben. So traten in dem Krippenspiel diesmal zwei Engel auf: einer, der die vielen Verse hersagte, und ein anderer, der stumm und stolz daneben stand.

Im Frühjahr gingen alle Kinder, die mitgespielt hatten, von der Schule ab. Nur Mariechen blieb sitzen.

Darum war sie noch einmal dabei, als das Krippenspiel aufgeführt wurde, und war wieder der stumme Engel. Ganz selbstverständlich nahm sie danach die großen Flügel mit nach Hause und steckte sie hinter ihre Kleider in den Schrank.

Weil Rechnen, Lesen und alles, was man sonst noch lernen mußte, Mariechen auch weiterhin schwerfiel, blieb sie ein zweites Mal sitzen. Manche munkelten, daß es Mariechen darauf angelegt hätte, um wieder den Engel zu spielen, aber das war sicher nicht so. Denn auch in den folgenden Jahren, als sie in der Lehre war, erschien Mariechen mit ihren Flügeln, wenn die Proben für das Krippenspiel begannen.

Jetzt wurde sie bereits überall das Engelmariechen genannt. Das gefiel ihr, und sie mochte es, wenn die Leute zu ihr sagten: Du bist wirklich ein Engel! Sie sagten das oft zu ihr, weil Mariechen anpackte und half, wo sie konnte. Und Mariechen tat alles, damit sie es recht oft sagten. Sie schichtete Holz, sie paßte auf die kleinen Kinder auf, brachte Pakete zur Post, grub Gemüsebeete um, hing Wäsche auf, rührte stundenlang Pflaumenmus, schaufelte Schnee, putzte Silber und war überall zur Stelle, wo sie gebraucht wurde.

Einmal wurde sie sogar gebeten, anstelle des Weihnachtsmannes zu bescheren. Vor dem Weihnachtsmann hatten

die Kinder Angst, doch vor Mariechen nicht. Darauf war sie sehr stolz. Pünktlich stand sie mit ihren Flügeln zur ausgemachten Zeit vor der Tür. Sie ließ sich von den Kindern Gedichte aufsagen, sang mit ihnen und kippte dann den Sack aus, in den die Eltern vorher Geschenke gesteckt hatten.

Und mit der Zeit wollten immer mehr Leute das Engelmariechen zum Bescheren haben. Um niemanden zu vergessen und um nichts durcheinanderzubringen, mußten sich alle bei ihr in ein kleines Buch eintragen. Diese Voranmeldungen nahm Mariechen vom ersten Advent an entgegen.

Nur die Zeit für die Proben zum Krippenspiel wurde ausgespart, denn Mariechen legte großen Wert darauf, nicht eine einzige zu versäumen.

Sonst aber eilte sie vor Weihnachten in jeder freien Stunde durch die Straßen. Sie trug hohe Schnürstiefel und hatte die Flügel über ihren Wintermantel geschnallt. Wenn es schneite, schützte sie die Federn mit einem Regenumhang, der weit gebauscht hinter ihr herwehte. Stets hüpften und sprangen einige Kinder um sie herum. Es war nicht leicht, einen Termin bei Mariechen zu bekommen, denn sie war fast immer ausgebucht.

Und nach wie vor stand Mariechen beim Krippenspiel als stummer Engel auf der Bühne.

Sie war mit der Zeit recht rundlich geworden. Ihre Haare wurden erst grau und dann weiß. Nur Fremde, die zufällig das Spiel sahen, wunderten sich über den alten Engel zwischen all den Kindern.

Und nur Leute, die neu zuzogen, lachten, wenn sie das Engelmariechen zum ersten Mal zur Weihnachtszeit auf der Straße sahen. Im Jahr darauf lachten sie schon nicht mehr,

112

denn da hatten sie bereits herausgefunden, daß Mariechen ein Engel war.
Sie hat nie geheiratet, das fand sie nicht angemessen. Von verheirateten Engeln hatte sie nie gehört.
Als sie nicht mehr gut zu Fuß war, kam sie ins Altersheim. Die Flügel schienen von Jahr zu Jahr schwerer zu werden. Doch nie wäre Mariechen eingefallen, sich welche aus Goldpapier über den Rücken zu hängen. Immer noch lief sie in der Weihnachtszeit mit den mächtigen Flügeln herum, bescherte die Kinder und war beim Krippenspiel dabei.
Mariechen war sechzig Jahre lang ein Engel.
Im letzten Frühjahr ist sie gestorben. Da hat man die Flügel unten in den Sarg gelegt und das Mariechen darauf. So ist sie begraben.

Die Geschichte vom Natron

Manchmal kommt vormittags Frau Voß. Sie sagt, sie will irgendwas von Mama borgen oder sie um einen Gefallen bitten. Das ist sicher nur ein Vorwand, denn sie setzen sich an den Küchentisch, rauchen Zigaretten und reden miteinander.

Papa sagt, Frau Voß hielte Mama von der Arbeit ab; wenn sie da sei, gäbe es nie rechtzeitig Mittagessen, und überhaupt bliebe alles liegen. Ihm ist Frau Voß ein Dorn im Auge.

Mama sagt, sie kann sich in ihrer Gesellschaft entspannen.

Da knallt Papa die Türen zu und geht nach unten, um das Auto zu waschen.

»Hat er was gegen mich?« fragt Frau Voß.

»Aber ich bitte Sie«, sagt Mama.

»Ja«, sagt Frau Voß, »jetzt vor Weihnachten häuft sich alles: waschen, putzen, vorbereiten. Man weiß nicht, wo einem der Kopf steht!«

Mama nickt.

»Und«, sagt sie, »wenn man nicht dauernd hinterher ist, bleibt alles liegen. Wer macht es denn, wenn nicht wir!«

Frau Voß nickt.

»Früher«, sagt sie, »da hat man noch Zeit gehabt. Jetzt kommt man zu gar nichts mehr.«

Mama nickt.

Papa kommt herein und sucht den großen Schwamm. Er wirft ein: »Wer herumsitzt, kommt am allerwenigsten zu etwas!« Hinter ihm kracht die Tür zu.

»P«, sagt Mama.

»Wenn ich denke«, sagt Frau Voß, »was wir früher alles gebacken haben. Erinnern Sie sich an gepuderte Nelkensterne?« Und Mama nickt.

Barbara und Stefanie, die eben aus der Schule kommen, rufen:

»Schmecken die gut?«

»Hervorragend«, sagt Frau Voß, »kein Vergleich zu dem Zeug, das man heute fertig kauft!«

»Warum backt ihr keine?« fragt Stefanie.

»Sie machen zuviel Arbeit«, sagt Mama.

»Schade, es ist höchste Zeit, daß ich gehe«, sagt Frau Voß.

»Soweit ich mich erinnere, brauchte man Eischnee, Puderzucker und etwas Mehl.«

»Und natürlich Nelken«, sagt Mama. Sie stellt schon die Zutaten auf den Tisch. »Aber diese viele Arbeit, die man niemandem zumuten kann«, sagt sie.

»So schlimm ist es gar nicht. Nur der Teig muß eine Stunde geknetet werden«, sagt Frau Voß und schlägt die Eier in die Schüssel.

»Wir möchten gern helfen«, rufen Barbara und Stefanie.

»Ihr könnt dann den Teig ausrollen und die Sterne ausstechen«, sagt Mama; sie steht da und möchte auch etwas tun.

»Kennen Sie krosse Mandelkringel?« fragt sie.

Frau Voß kann sich nicht entsinnen; wie Mama sie schildert, müssen sie jedoch vorzüglich sein. Die Zutaten reichen noch, und Mama rührt schnell den Teig an. Barbara und Stefanie stechen die Nelkensterne aus. Jetzt hat Frau Voß nichts mehr zu tun. Sie will auf jeden Fall abwarten, wie die gepuderten Nelkensterne gelingen. Darum sagt sie, daß sie schnell einmal die runden Luftkuchen macht, die sie von ihrer Großmutter kennt. Sie braucht dazu nur zwölf Eier, etwas Mehl und Zucker. Doch soviel Eier hat Mama nicht mehr.

In diesem Augenblick klingelt Herr Voß. Er hat Hunger und möchte wissen, wann es Mittagessen gibt.

»Dreh gleich um, lauf zum Kaufmann und hol uns zwanzig

Eier, ein paar mehr können nicht schaden, wer weiß, wozu wir sie noch brauchen!« sagt Frau Voß und schiebt ihn zur Tür hinaus. Sie hat alle zehn Finger voll Mehl, das ist jetzt auf seinem Rücken. »Und ein Tütchen Hirschhornsalz!« ruft sie hinter ihm her.

»Wohin so eilig?« fragt Papa. Er taucht hinter dem nassen Auto auf.

»Hirschhornsalz und Eier kaufen«, ruft Herr Voß und eilt davon. Papa weiß, was man alles aus Eiern macht, aber wozu man Hirschhornsalz braucht, weiß er nicht. Hoffentlich hat es Frau Voß Mama nicht gegen Kopfschmerzen eingeredet oder um seine Stiefel wasserfest zu machen. Frau Voß ist Papa ein Dorn im Auge. Er meint, jetzt endlich nach dem Rechten und nach dem Mittagessen sehen zu müssen.

Aber Mama läßt ihn nicht in die Wohnung. An der Tür ruft sie ihm zu: »Mach schnell und bring Zimt, Honig und drei Kilo Zucker!« Auch Papa bekommt zehn mehlige Fingerabdrücke auf den Rücken. Während die gepuderten Nelkensterne abkühlen, die krossen Mandelkringel in der Röhre duften und Frau Voß darauf wartet, runde Luftkuchen zu backen, hat sich Mama gefüllter Honighörnchen entsonnen.

»Hm, die müssen gut sein«, meinen Barbara und Stefanie. Sie lecken alle Schüsseln aus und stecken sich heimlich heiße Nelkensterne in den Mund.

Papa springt die Treppe hinunter, wo ihm atemlos Herr Voß mit einem schweren Einkaufsbeutel entgegenkommt. Aber auch er muß sofort wieder umkehren und aus der Drogerie Sukkade, Kardamon und Natron bringen. Er holt Papa ein und fragt, ob der weiß, wozu das gut ist.

»Keine Ahnung«, sagt Papa und geht mit in die Drogerie.

»Hoffentlich ist niemand krank«, sagt der Drogist.

»Warum?« fragen Papa und Herr Voß.

»Nun«, sagt der Drogist, »Natron nimmt man gewöhnlich gegen Magenweh. Allerdings auch zum Kuchenbacken, doch das ist aus der Mode.«

Papa erfährt nicht, ob jemand krank ist. Ehe er zu Hause fragen kann, hat Mama ihm die Tasche abgenommen und ihn wieder zum Kaufmann geschickt. Diesmal muß er Butter, Rohzucker und Rum holen, dazu schon wieder Mehl und Eier. Nicht anders ergeht es Herrn Voß. Sie jagen treppauf, treppab, zum Kaufmann, zum Drogisten und wieder zurück. Und nie gelangen sie bis in die Küche.

Nachdem die Läden geschlossen sind, verlangen Mama und Frau Voß, daß die Männer beim Kaufmann an die Rolläden pochen und beim Drogisten nebenan klingeln. Insgesamt laufen sie achtundzwanzigmal hin und her.

»Bald haben Sie meinen ganzen Laden ausgekauft. Was ist los bei Ihnen?« fragt der Kaufmann.

»Wir wissen es nicht«, sagen Papa und Herr Voß erschöpft.

»Es könnte krankhaft sein!« ruft der Drogist über die Straße. »Sollen wir mitkommen und nachsehen?«

Das ist Papa und Herrn Voß nur recht. Alle zusammen steigen sie die Treppe hoch und klingeln.

Barbara macht auf. Sie ist ganz blaß, und Papa fragt: »Was ist mit dir?«

»Mir ist so schlecht«, sagt sie. »Stefanie auch, sie liegt schon im Bett.«

»Ich habe es geahnt!« ruft der Drogist. »Es handelt sich um eine ansteckende Erkrankung!«

117

Papa reißt die Küchentür auf. Da sitzen Mama und Frau Voß am Tisch und erzählen. »Kommt rein, wir sind fertig«, rufen sie.

Die Küche duftet nach Zimt, Rum und Nelken. Überall türmen sich Berge von Plätzchen und Weihnachtsgebäck. Die Türen zu den anderen Räumen stehen offen, und alles liegt voller Backwerk.

»Wer will probieren?« fragt Mama.

»Na so was«, sagt Papa. Er ist sprachlos. Nie wieder will er behaupten, daß Frau Voß Mama von der Arbeit abhält.

Herr Voß, der Kaufmann, der Drogist und Papa essen, soviel sie können. Mama und Frau Voß mögen nicht, sie haben so oft ihre süßen Finger abgeschleckt, daß sie jetzt Appetit auf eine saure Gurke haben.

»Was ist mit Barbara und Stefanie?« fragt Papa.

»Sie haben sich den Magen verdorben, aber das ist bis Weihnachten wieder gut«, sagt Mama.

»Dagegen hilft eine Messerspitze Natron in Wasser«, sagt der Drogist.

Die Geschichte vom artigen Kind

Einmal wollte ein Junge, der hieß Lutz, seiner Mama etwas zu Weihnachten schenken. Er wollte ihr entweder etwas basteln oder malen oder etwas von seinem Taschengeld kaufen. Jedenfalls wollte er ihr eine Freude machen.

»Was wünscht du dir?« fragte er und stand ihr im Weg. Sie rannte in der Wohnung umher, machte sauber, achtete

119

gleichzeitig darauf, daß auf dem Herd nichts überkochte, mußte schnell einmal telefonieren und sah auf die Uhr.

»Mama, wünsch dir was von mir«, sagte er. Sie schob ihn beiseite, suchte das Putzmittel, öffnete dem Briefträger, machte das Fenster zu und rührte in der Suppe.

Lutz stand immer da, wo Mama gerade hinwollte. Sie schob ihn von der Schranktür, nahm ihm den Stuhl weg, bat ihn, aus dem Weg zu gehen, und rief: »Bitte stör mich nicht.«

»Aber ich will doch nur wissen, was du dir wünschst«, sagte Lutz. Er hielt sie an der Schürze fest.

»Ich wünsche mir nichts anderes als ein artiges Kind«, sagte Mama und machte sich frei.

Lutz ging in sein Zimmer, setzte sich auf das Bett und überlegte, wie er Mama so etwas beschaffen konnte. Es zu basteln oder zu malen war sinnlos. Aber wo konnte man es kaufen? Und wie teuer würde es sein?

Mama rief: »Sitz nicht rum, steh auf, mach schnell, wir müssen einkaufen gehen!«

Lutz ging neben Mama zum Supermarkt.

Der war riesengroß, und man konnte dort fast alles bekommen. Lutz wußte gut Bescheid. Er kannte den Gang, wo es Milch und Käse gab, und die Ecke mit den Obstkonserven. Ein Stück weiter gab es Brot und Kuchen und am anderen Ende die kleinen Spielzeugautos, die er sammelte. Lutz wußte, wo das Seifenpulver stand und wo immer Sonderangebote waren. Kinder hatte es im Supermarkt noch nie gegeben, jedenfalls nicht zu kaufen.

Am Gemüsestand geriet Lutz mit dem Fuß in Mamas Wagen. Bei den Konserven warf er einige davon um. Bei der Wurst trödelte er, daß Mama ihn antreiben mußte.

»Geh am besten schon nach draußen, und warte dort auf mich, bis ich fertig bin und bezahlt habe«, sagte sie.

Lutz stellte sich auf die Straße vor den Supermarkt.

Ein kleines Mädchen hing am Türgriff und schwang mit der Tür hin und her. Die Frau an der Kasse drohte, und das Mädchen streckte die Zunge raus. Lutz dachte: Das ist kein artiges Kind, über das sich Mama freuen würde.

Daneben stand ein Kinderwagen. Eine Frau mit vielen Taschen kam vorbei, beugte sich darüber und sagte zu Lutz: »Sieh mal, wie niedlich. Das ist ein artiges Kind.«

Lutz wartete, bis die Frau nicht mehr zu sehen war. Dann schob er den Wagen rasch um die Ecke. Er rannte damit, so schnell er konnte, nach Hause. Das artige Kind jauchzte vor Vergnügen.

Die Wohnungstür war abgeschlossen, denn Mama war noch im Supermarkt. Lutz stellte den Kinderwagen hinter die Kellertür, wo man ihn nicht sehen konnte. Es sollte ja eine Weihnachtsüberraschung sein. Er setzte sich auf die Eingangsstufen und wartete. Plötzlich fiel ihm ein, daß dieses artige Kind irgend jemandem gehören mußte. Ach was, dachte er, denen werde ich es abkaufen. Allzu teuer kann es nicht sein. Es ist nicht ganz neu, sondern schon gebraucht. Das wird billiger. Lutz kannte das von Papas Auto.

Mama kam mit ihren Einkaufsbeuteln um die Ecke gerannt.

»Da bist du ja, zum Glück heil und gesund!« rief sie und weinte ein bißchen. Sie drückte Lutz so fest, daß es weh tat. »Diese arme Frau und das arme, unschuldige Würmchen! Was für eine Aufregung«, sagte sie weiter, »und du warst auch nicht da, so daß ich ebenfalls das Schlimmste befürchtet habe. Aber nun habe ich dich wieder . . .«

Lutz war ganz verstört. Aber auch das artige Kind war bei Mamas Reden aufgewacht und begann zu schreien.

»Was ist das?« fragte Mama und wollte nachsehen.

Lutz hielt sie fest und sagte: »Bitte nicht, Mama, es ist dein Weihnachtsgeschenk.« Mama starrte Lutz an, und da fuhr er fort: »Es ist das artige Kind, das du dir gewünscht hast.«

»O Lutz!« sagte Mama.

Sie packte den Kinderwagen, drehte ihn und rannte damit zum Supermarkt zurück. Das artige Kind brüllte immer lauter. Lutz lief nebenher und dachte: Das hier ist nicht das richtige Kind. Es wird schwer sein, eins aufzutreiben. Warum mußte sich Mama ausgerechnet so etwas wünschen, warum nicht etwas anderes.

Lutz wollte Mama danach fragen, aber sie hörte nicht.

Vor dem Supermarkt standen ein Polizist und viele aufgeregte Leute. Alle drängten sich um eine Frau, die weinte. Mama schob sie beiseite und erzählte ihr etwas, und niemand kümmerte sich um Lutz.

Am Nachmittag bastelte er für Mama einen Kalender, den wünschte sie sich.

Die Kurzschlußgeschichte

An ein besonderes Weihnachten, sagt Herr Probst, könne er sich nicht erinnern. Aber, sagt er, wie seiner Meinung nach Weihnachten einmal ganz besonders sein könnte, das wüßte er.

Herr Probst kommt von den Stadtwerken. Er liest vom

Zähler den Stromverbrauch ab, dann rechnet er aus, wieviel man bezahlen muß. Er ist den ganzen Tag auf den Beinen, die tun ihm vom vielen Treppensteigen weh, denn er ist nicht mehr der Jüngste. Vielleicht ist er deshalb nicht besonders freundlich, aber er meint es nicht so. Er sagt, die schlechte Laune steige ihm langsam aus den Stiefeln nach oben, und gegen Abend würde es schlimmer, dann ärgere ihn einfach alles.

Wenn sein Dienst zu Ende ist, geht Herr Probst durch die großen Geschäftsstraßen nach Hause. Er sieht die vielen Lichterketten, die bereits im November eingeschaltet werden, obwohl das noch vier Wochen bis Weihnachten Zeit hätte.

»Denen möchte ich mal eine saftige Stromrechnung schicken«, sagt er und ärgert sich.

Alle Schaufenster sind festlich dekoriert, denn alles, was es dort zu kaufen gibt, sollen sich die Leute gegenseitig zu Weihnachten schenken, seien es Waschmaschinen, Kleider, Reisewecker, Kaffeetassen, Gummistiefel, Parfum, Winterreifen oder Badehauben.

»Sie stecken sich mit dem Kaufen und Schenken an wie mit Schnupfen«, sagt Herr Probst und ärgert sich.

Über den Eingängen der Läden und Kaufhäuser sind Lautsprecher, daraus erklingen Weihnachtslieder; sie kommen von Schallplatten und Tonbändern. Meist kann man zur gleichen Zeit mehrere Lieder hören, sie überschneiden und vermischen sich. Niemand achtet darauf.

»Es ist nicht besser als Katzenmusik«, sagt Herr Probst und ärgert sich.

An den Ecken stehen verkleidete Weihnachtsmänner, die

warten, daß Leute mit kleinen Kindern kommen. Sobald sie eines sehen, springen sie herbei, um das Kind auf den Arm zu nehmen. Ein Fotograf macht Bilder zur Erinnerung, die sollen die Eltern kaufen. Weil sich oft mehrere Weihnachtsmänner um ein einziges Kind balgen, beginnt es zu brüllen, und niemand kauft dem Fotografen diese Bilder ab.

»Geschieht ihnen recht«, sagt Herr Probst und ärgert sich.

Alles, was er in dieser Zeit kauft, wird sorgfältig in schönes, buntes Papier gewickelt, mit Klebeband verschlossen und mit einer glänzenden Schleife verziert. Sei es Nähgarn, Waschpulver oder Katzenfutter, Herr Probst muß warten, bis ihm die Verkäuferin das Päckchen mit einem netten Lächeln überreicht. Dabei tun ihm die Beine weh.

»So ein Blödsinn. Nächstens verpacken sie die Brötchen einzeln als Geschenk«, sagt er und ärgert sich, weil er zu Hause alles mühselig wieder auswickeln muß.

Er ärgert sich, weil alle Leute hetzen und jagen, kaufen und schleppen, außer Atem sind und keine Zeit haben.

Er ärgert sich, daß in den Vorgärten Tag und Nacht auf den Tannen die elektrischen Kerzen brennen und daß seine Schwiegertochter einen Plastikweihnachtsbaum kauft, den man auf- und zuklappen kann wie einen Regenschirm. Sie findet ihn so praktisch, weil er nicht nadelt.

Er ärgert sich, daß er einen Stapel Weihnachtsgrüße bekommt und auch welche schreiben müßte.

Er ärgert sich über das Fernsehen und die Zeitungen, über all den Trubel und die vielen Vorbereitungen und möchte seine Ruhe haben. Alle müßten ihre Ruhe haben. Es müßte still und behaglich sein. Darum denkt sich Herr Probst ein besonderes Weihnachtsfest aus.

Eines Tages wird er zu seinem höchsten Direktor gehen und
sagen: »Es macht mir nichts aus, freiwillig am Heiligen
Abend in den Stadtwerken Dienst zu tun. Alle anderen
können nach Hause gehen.«
Der Direktor wird ihm auf die Schulter klopfen und sagen:
»Wir wissen, daß es ein Opfer ist, aber wir danken Ihnen,
mein Freund.«
Die Kollegen werden winken und ihm ein frohes Fest wünschen. Er wird ganz allein zurückbleiben.
Er wird herumwandern und kontrollieren, ob die Turbinen
richtig arbeiten, ob die Kontrolluhren in Ordnung sind und
ob die richtige Spannung im Netz vorhanden ist. Ganz
genau weiß er natürlich nicht Bescheid, denn er ist nur ein
Kassierer, aber es wird schon gehen. Er wird sich etwas um-
sehen und endlich den gewissen Hebel finden, den er betäti-
gen muß, um den Strom abzustellen.
Die ganze Stadt wird ohne Licht sein.
Alle Laternen sind aus, die Straßenbahnen bleiben stehen,
nicht einmal die Ampeln leuchten.
In den Wohnungen ist es stockfinster. Die elektrischen Kerzen an den Bäumen brennen nicht mehr, die Lampen sind
dunkel.
Es ist auch ganz still, kein Fernsehen, kein Radio, kein Plat-
tenspieler, kein Tonband läuft mehr.
Erst werden alle Leute erschrocken sein. Sie werden auch
hin und wieder mal stolpern oder etwas umwerfen, wenn sie
nun nach dem Feuerzeug oder nach Streichhölzern suchen.
Sicher fummeln viele an den Sicherungen herum, bis sie aus
dem Fenster sehen und merken, daß auch bei den anderen
alles im Dunkeln liegt.

125

Sie werden herumkramen und irgendwo eine Kerze finden, die sie anstecken. Bei ihrem Schein werden sie um den Tisch sitzen. Manche werden sich langweilen und nicht wissen, was sie anfangen sollen. Die Kinder werden drängeln, denn sie wollen weiter Weihnachten feiern. Musik ist keine mehr da, fernsehen können sie auch nicht. Es bleibt ihnen nichts anderes übrig, als selbst zu singen, das sind sie nicht mehr gewohnt. Die Melodien müßten sie im Ohr haben, denn die sind seit Wochen überall erklungen. Sie haben nicht zugehört, wenn der Text gesungen wurde. Vielleicht weiß der eine oder andere noch eine Strophe, sonst müssen sie eben selbst dichten.

Vielleicht werden die Kinder ihre Eltern dazu bringen, mit ihnen zu spielen. Es gibt vieles, was man ohne Licht spielen kann.

Vielleicht werden auch alle einmal in das Treppenhaus gehen, um dort jemanden zu finden, der weiß, was eigentlich los ist. Sie werden ihre Nachbarn treffen, die sie ewig lange nicht gesehen haben. Vielleicht wird man sich überhaupt erst kennenlernen, obwohl man schon jahrelang Tür an Tür wohnt.

Bei manchem wird die Kerze abgebrannt sein, und er wird nebenan klopfen, wo noch ein Lichtschein ist. Sie werden zusammen sitzen.

Es wird still und behaglich sein.

Irgendwann später wird natürlich Herr Probst den gewissen Hebel wieder hochdrücken. Es wird wieder hell und laut.

Wahrscheinlich wird es einen Riesenkrach geben, und der allerhöchste Direktor wird ihn anbrüllen: »Sie haben versagt, Sie Kassierer!«

Aber das wird Herrn Probst egal sein.
Vorläufig denkt er sich alles nur aus, aber einmal wird er es tun.
Ein einziges Mal.

Inhalt

5 Die Geschichte vom Weihnachtsbraten
10 Die Geschichte vom Vogelhaus
15 Die Geschichte vom Lamettabaum
21 Die Landstraßengeschichte
28 Die Geschichte von Traudchens Onkel
36 Die Silbergeschichte
41 Die Geschichte von der Koschale
46 Die Fernsehgeschichte
51 Die Reisegeschichte
55 Die neugierige Geschichte
58 Die Geschichte vom Strolch
65 Die Kirchengeschichte
70 Die Schlüsselgeschichte
75 Die Geschichte vom Wunschzettel
79 Die Puppengeschichte
85 Die Geschichte vom neuen Haus
89 Die vertauschte Geschichte
96 Die Geschichte von Elsie
103 Die Briefgeschichte
108 Die Engelgeschichte
113 Die Geschichte vom Natron
119 Die Geschichte vom artigen Kind
122 Die Kurzschlußgeschichte